Giulia Siegel

Engel

Giulia Siegel

Engel

SILBERSCHNUR

ISBN: 978-3-89845-255-7

1. Auflage 2008

Gestaltung & Satz: XPresentation, Boppard
Druck: Finidr, s.r.o. Cesky Tesin

Verlag »Die Silberschnur« GmbH
Steinstraße 1 · D-56593 Güllesheim
www.silberschnur.de · Email: info@silberschnur.de

Inhalt

Vorwort

Liebe Leserin, lieber Leser,

nach langen Gesprächen mit dem Verlag und meinen engsten Freundinnen und Freunden sowie mit meiner Familie ist mein erstes Buch endlich da. Es war nicht einfach, ein so intimes Buch auf den Weg zu bringen, denn ich möchte ja keine Biographie schreiben. Dennoch sind Engel etwas sehr Persönliches, etwas sehr Nahes. Ich gebe zu, es hat mich auch ein wenig Mut gekostet, meine Begegnungen, na ja, zumindest einige davon, aufzuschreiben. Schließlich sage ich mit dem Erscheinen des Buches der Öffentlichkeit: »Ja, ich glaube an Engel, ja, ich stehe dazu, ja, ich bin dennoch völlig normal im Kopf!«

Ich habe »Engel« geschrieben, um das Thema auch jüngeren Menschen nahezubringen, die mich vielleicht als Vorbild sehen; oder vielleicht mögen sie mich auch überhaupt nicht – dann können sie hier eine andere

Seite von mir kennen lernen. Ich möchte schon auch eine kleine Lanze für die Engel brechen, sagen: »Hey, ich stehe dazu, und du kannst das auch, denn ... es lohnt sich!«

Um es gleich vorweg zu sagen: Ich glaube nicht an Gott, nicht an Adam und Eva, nicht an das, was in der Bibel geschrieben steht. Ich glaube an höhere Mächte, die wir uns, auch schon in frühen, jungen Jahren, zu eigen machen können. Ich finde es traurig, dass Menschen immer erst dann (an was auch immer) anfangen zu »glauben«, wenn es richtig brennt oder wenn sie schon in einem fortgeschrittenen Alter sind. Ich möchte daher mit diesem Buch auch sagen: »Fang an, so früh du kannst, mit Engeln zu arbeiten. Es macht das Leben so viel einfacher, so viel schöner. Du bist nicht allein, du kannst dir Hilfe holen.«

Ich bin Mutter von drei Kindern, ich arbeite als Model, Moderatorin, DJ und Schauspielerin. Auch auf meinen Vater Ralph schaute die Öffentlichkeit immer wieder ganz intensiv, spätestens dann, wenn wieder der Grand Prix vor der Tür stand. Doch als Tochter, die ihren eigenen Willen hat und ihr »eigenes Ding« macht, ist das nicht immer einfach. Meine Engel Viktor und Thaddäus haben mir sehr geholfen, mit meiner »speziellen« Situation umzugehen, damit gut klarzukommen. Somit tragen sie auch dazu bei, dass dieses Buch überhaupt zustande kam. Ich stehe zu meinen Schutzengeln, sie gehören zu mir, und ich begegne ihnen höflich, denn sie gehören schlicht zu meinem Alltag! Ich kommunizierezudem gerne laut mit ihnen, und am Anfang haben mich viele für verrückt erklärt ... Auch mein Vater dachte lange Zeit: »Irgendwie spinnt das Mädel schon!« Heute sieht er einiges anders, aber dazu später mehr.

Mir ist wichtig, dass du weißt: Ich »vergewaltige« niemanden, meine Ansichten zu teilen. Ich möchte niemandem meine Sicht aufdrängen, sondern ich habe ein Buch geschrieben, um einfach zu versuchen, meine Begegnungen mit den Engeln mit meinen Augen zu beschreiben.

Ich bin eine Frau, die nicht alles hinterfragt, viele Dinge lasse ich einfach sacken, so stehen, ich nehme die Dinge, wie sie sind. Ich habe mich beispielsweise nie gefragt: »Warum habe ich Engel, warum kommuniziere ich mit ihnen und andere nicht?!« Für mich waren die Engel schlicht immer schon etwas ganz Normales.

Dieses Buch hat daher sicher auch den Sinn, all denen, die sich vielleicht noch nicht »geoutet« haben, zu helfen, dazu »stehen« zu können. Ich möchte allerdings sicher kein Lebenshilfebuch vorlegen – ehrlich gesagt, habe ich schon 100 Kapitel Geschriebenes in meiner Schublade liegen, in dem es darum geht, wie sich Männer und Frauen besser verstehen ... Aber zu diesem Thema gibt es schon 1000 andere und bessere Bücher.

Mit »Engel« möchte ich einfach ein paar Tipps geben, wie man mit Engeln besser und positiver leben kann. Niemand muss sich seiner Engel schämen, niemand muss und soll sich rechtfertigen, sondern es wäre fein, wenn die Engel durch dieses Buch wieder »ein bisschen freier« fliegen und helfen könnten.

An dieser Stelle gilt mein Dank Penny McLean, die mir den Weg zu den Engeln gezeigt hat. Sie ist seit meiner frühen Kindheit eine enge Freundin der Familie und hat mich durch ihre Bücher mehr als nur inspiriert.

Ein großes Dankeschön auch an meine Schutzengel Viktor und Thaddäus, die immer dann da sind, wenn ich sie brauche, an meinen Vater Ralph, meine Großmutter Sternchen und an Alexandra, die sicher als Engel unter uns lebt.

Einen besonderen Dank auch an alle, die dieses Buch gekauft haben und vielleicht ein wenig Kraft und Mut aus den folgenden Zeilen schöpfen können.

Eure Giulia

Ich frage nicht, ich bitte!

Seit meiner Kindheit arbeite ich mit Engeln. Gut, zunächst war es nur einer ... Viktor ist mein »erster Engel«, doch seit einigen Jahren weiß ich auch von meinem zweiten Engel, Thaddäus. Zu ihm möchte ich aber gerne erst später gesondert kommen.

Viktor war einfach plötzlich da. Ich habe schon sehr früh gespürt, dass etwas um mich ist, was nur ich »sehe und spüre«, etwas, das nur für mich bestimmt ist. Doch erst später wurde mir klar, dass ich mit Viktor auch arbeiten kann, dass er mir in Alltagssituationen helfen kann, wenn ich ihn nur darum bitte. Meine Kindheit war relativ schwierig für mich. Mein Vater war sehr oft weg, als Produzent und Song-Writer war er jahrelang unterwegs vom Grand Prix ins Tonstudio – und wieder zurück. Mit meiner Mutter kam ich nie wirklich gut klar, wir sind einfach zu verschieden. Es war mir daher bewusst, dass ich recht früh selbstständig werden musste, um mein Leben selbst in die Hand nehmen zu können.

Ich bin also sehr früh von zu Hause ausgezogen und wusste ganz klar: Ich will und werde für meinen Unterhalt selbst aufkommen. Sicher werden sich einige sagen: »Hey, als Tochter von Ralph Siegel hat die doch ausgesorgt, muss sich um nichts kümmern. Der wird es doch sicherlich an nix fehlen. Und warum zieht die Tochter aus der tollen Villa aus, das ist doch total bekloppt!« Das liegt natürlich nahe. Aber ich wollte mein Leben lang nie jemandem auf der Tasche liegen, ich setze da andere Maßstäbe an mich und meine Welt. Mit 15 Jahren von zu Hause auszuziehen, abzuhauen, das haben schon viele andere geschafft, und ich war mir damals sicher, dass ich es ebenso meistern würde. Natürlich muss man Hilfe haben, um das alles durchstehen zu können, doch auch damals schon trat Viktor in Aktion. Ich bat ihn mehrfach um seine Unterstützung, und mir wurde geholfen.

Ich hielt mich zunächst mit kleinen Modeljobs über Wasser. Die wurden schlecht bezahlt, aber immerhin konnte ich davon meine Miete bezahlen – nur Strom und Telefon leider nicht ... Aber ich war mir in jeder Minute ganz sicher, wenn ich Viktor bitten würde, so wäre mir seine Unterstützung sicher. Und so war es dann auch. Bis heute kann ich Viktor nicht sehen, er erscheint nicht vor mir, aber ich spüre einfach, dass er da ist.

Ich stehe auf dem Standpunkt, dass man seine Engel beschäftigen muss. Und zwar jeden Tag, damit sie »fit« bleiben und damit man eine innige Beziehung zu ihnen aufbauen kann. Ich setzte meine Engel immer wieder ein, ich trainiere sie quasi ... Ein Problem in München, wo ich aufgewachsen bin und lebe, ist die Parkplatzsituation, denn es gibt, wie in vielen großen Städten, einfach zu wenige davon. Doch egal, ob ich alleine mit dem Auto unterwegs bin oder mit Freunden, ich spreche laut mit meinen Engeln und bitte um Hilfe bei der Parkplatzsuche. Und ... es funktioniert! Wichtig ist für mich, mich danach immer bei meinen Engeln zu bedanken. Wenn ich nicht alleine im Auto bin, mache ich das auch immer extra ganz laut, damit Freunde es hinterfragen und es im besten Falle einmal selbst versuchen! Freunde und Familienmitglieder bescheinigen mir, dass ich mindestens doppelt so schnell und doppelt so oft einen Parkplatz finde, wie sie selbst. Meist bekomme ich von meinen Engeln auch noch einen direkt vor der Tür! Es kommt auch durchaus vor, dass ich meine Engel an gute Freunde oder an Menschen, die mir nahestehen, »verleihe«. Das hat drei gute Seiten – erstens: Menschen, die ich mag und schätze, finden wirklich schneller einen Parkplatz. Zweitens: Menschen, die nicht daran glauben und es bewusst miterleben, beschäftigen sich vielleicht damit und versuchen es selbst heimlich. Und drittens: Meine Engel sind beschäftigt und im »Training«, wenn ich mal nicht so viel Zeit für sie habe!

Natürlich leihe ich meine Engel nur denen, die auch an Engel glauben. Das mag für viele von euch banal klingen, aber für mich ist es Alltag! Mag auch sein, dass viele Engelexperten nun die Hände über dem Kopf zusammenschlagen, aber ich erwähnte ja bereits, dass ich niemanden bekehren will. Ich weiß, dass es funktioniert, ich hinterfrage auch hier nicht. Probiert es einfach an kleinen Dingen einmal selbst aus, es lohnt sich!

An dieser Stelle scheint es mir auch wichtig zu sein zu sagen: Ich bin mit meinen Engeln und mit meiner Arbeit mit Viktor und Thaddäus noch lange nicht am Ende. Auch ich komme immer wieder an meine Grenzen. Es gibt zum Beispiel Tage, an denen ich schlicht keinen Zugriff auf meine Engel habe. Auffällig ist, dass mir speziell in der Vorweihnachtszeit und um Weihnachten herum kein Kontakt gelingen will. Immer um diese Zeit liege ich im Krankenhaus, habe Unfälle oder es passieren komische Dinge. Hier ist die Kraft meiner Schutzengel scheinbar nicht für mich reserviert. Ich glaube nicht wirklich an Weihnachten, für mich hat dieses Fest in Sinne von »Glauben« keine Bedeutung. Mag aber sein, dass es für Viktor und Thaddäus ganz anders ist. Dass sie in dieser Zeit jede Menge Jobs zu erledigen haben, mich entweder vergessen, oder die Prioritäten anders setzen ... Für mich zeigt das im Grunde, obwohl ich seit 20 Jahren täglich mit Engeln arbeite, nur eines: An dieser Stelle muss ich weiter trainieren, muss weiter an mir und meinen Engeln arbeiten, weiter bitten.

Es passieren in dieser Zeit einfach schmerzliche Dinge, und das möchte ich natürlich in den Griff bekommen. Solche Erlebnisse zeigen mir aber auch, dass die Arbeit mit Engeln nicht irgendwann einmal abgeschlossen sein wird, frei nach dem Motto »Ich hab's doch gelernt, ich hab alles drauf, ich brauche nur zu bitten und mein Leben funktioniert perfekt!«, das wäre in der Tat ein großer Trugschluss. Jeder, der Engel in sein Leben einbezieht, sollte sich darüber im Klaren sein, dass dieser Prozess niemals abgeschlossen sein wird. Und gerade das ist doch wunderbar! Somit wird man wachsen, mit seinen Engeln und auch alleine für sich selbst.

Ganz klar sollte übrigens jedem im Umgang mit Engeln sein: Bitten ist besser als fragen! Ich bitte meine Engel nur, ich bitte sie um Unterstützung. Außerdem: Warum fragen, wenn man die Antwort sowieso nicht versteht; Antworten brauchen auch oft viel zu viel Zeit. In der Bitte aber liegt ein klarer Appell: Ich brauche etwas, ich benötige Hilfe! Ich denke, damit kann ein Engel mehr anfangen, denn es ist ganz konkret! Außerdem setze ich mit der Bitte klare und positive Energien frei. Diese Energien können natürlich zusätzlich unterstützend helfen, auch mir selbst. Wenn ich allerdings frage, dann begebe ich mich automatisch in eine defensive Position, und auch die macht es den Engeln schwerer zu helfen.

Mein klarer Appell an alle, die sich wirklich mit Engeln beschäftigen wollen oder es bereits tun, lautet daher: Stellt euch nicht auf das Hochhaus und fragt, warum ihr nicht springen sollt! Sondern bittet um Hilfe, und es wird euch geholfen. – Dies ist natürlich bildlich zu sehen!

Jeder Mensch hat mehrere Engel, wobei es mir persönlich völlig egal ist, wie viele – ob ein, zwei oder sechs Engel, wurscht. Wichtig ist für mich, dass es sie überhaupt gibt! In meinem Fall sind es zwei, wobei Viktor mir nach dem Aufwachen einfach erschienen ist, damals war ich zwölf Jahre alt. Im Laufe der Zeit wurde mir allerdings immer klarer: Da gibt es noch einen Engel, dessen Namen ich nicht kenne. Mit 24 Jahren suchte ich daher den Kontakt zu einem »Medium«. Für mich wieder ein großer Schritt, denn diese Frau war mir nicht unbedingt unheimlich, aber es kostete mich schon eine Menge Mut, mich ihr anzuvertrauen. Sie wollte erst einmal meine Eckdaten, wie Geburtsdatum etc. Dann malte und schrieb sie verschiedene Dinge auf. Ich habe bei dem Termin keine einzige Sekunde an meinen zweiten, noch namenlosen Engel gedacht!

Die Frau redete fast eine ganze Stunde lang, sie zeigte mir viel zu meiner Person auf, was schon unheimlich genug war ... Am Ende fragte sie mich, ob ich noch etwas wissen wollte. Ich verneinte dies, worauf sie sagte: »Doch, Sie wollen wissen, wie Ihr zweiter Schutzengel heißt.« Daraufhin gab sie mir eine Zeichnung, um mir noch ein paar Dinge zu erläutern. Auf der Rückseite stand ein Name: »Viktor«. Das Medium sagte: »Das ist der Name Ihres Engels, aber den kennen Sie ja schon. Sie haben übrigens noch einen zweiten Engel, dessen Name Thaddäus ist.«

Ich war ziemlich fertig mit der Welt. Das Medium wusste nichts von Viktor, dennoch hatte sie ihn gesehen, und ... sie konnte mir den Namen meines zweiten Engels sagen. Ich war unglaublich dankbar! Ich hatte es schon jahrelang im Gefühl, dass da noch ein zweiter Engel sein musste, und nun wusste ich endlich seinen Namen. Die Bestätigung erhielt ich im Übrigen kurze Zeit später durch Penny McLean, um die es auch im nächsten Kapitel gehen wird – genauso wie um Thaddäus!

Ich möchte an dieser Stelle noch etwas klarstellen: Weder Viktor noch Thaddäus sind irgendwelche heroischen Wesen für mich, sondern sie sind meine ganz privaten Engel. Für mich war Gott immer ein Symbol, nicht mehr und nicht weniger. Gott stand für mich als Kind immer für Sauerstoff, die Luft zum Atmen, für Liebe, etwas, das ich nicht greifen konnte. So ist es bestimmt vielen gegangen, die in meinem Alter damals waren, und so geht es einigen Menschen sicher noch heute. Ich dachte mir: »Giulia, da muss es noch etwas anderes geben, da muss eine Macht sein, die du greifen kannst, mit der du arbeiten kannst – im Alltag!«

Gott hat mir persönlich nie gereicht, denn den konnte ich nicht fassen. Durch das Buch von Penny McLean, »Gespräche mit deinem Schutzengel«, wusste ich, dass es Engel gibt. Und für mich wurden sie das »Mehr« ... Mehr als Gott mir geben konnte und kann. Menschen, die an Gott glauben, schicken Stoßgebete in den Himmel, ich arbeite und glaube an Engel und sende Stoßwünsche los. Das ist ein entscheidender Unterschied, denn Wünsche kann ich greifen! Meine Engel können sie greifen. Ich kann nur den Tipp geben: Formulieren Sie diese Stoßwünsche so klar wie möglich, denn so erhalten Sie am schnellsten Hilfe, und das ganz konkret!

Meine Mutter zum Beispiel geht meiner Meinung nach eher schlecht mit ihren Engeln um. Sie glaubt zwar an sie, aber sie arbeitet zu wenig mit ihnen, sie vernachlässigt sie. Nur so ist es zu erklären, dass meiner Mutter mindestens einmal im Monat Schlechtes widerfährt!

Wenn meine Mutter einem Scherenschleifer ihre ganzen Messer zum Schärfen bringt, verdünnisiert der sich mit all den teuren Messern, da können Sie sicher sein. Meine Mutter wird auch jedes Mal ausgeraubt, wenn sie nach Prag fährt, ob in der Stadt oder an der Autobahn, ja sogar beim Halten an der Ampel! Vor einigen Jahren feierte ich mit meinem Vater und meinen Kindern schon am 23. Dezember das Weihnachtsfest, da ich am 24. einen Auftritt als DJ hatte. Wir saßen alle bei der Vorspeise, als meine Mutter anrief. Man hatte ihr mal wieder die Kreditkarten auf dem Weg nach Prag an einer Autobahnraststätte gestohlen, und ich sollte nun am 23. Dezember alle Karten für sie sperren lassen. – Ich glaube, es waren fünf verschiedene, natürlich von fünf verschiedenen Kreditunternehmen. Also fünf verschiedene Hotlines, ohne Kontonummern, Geheimzahlen und Passwörter, ohne Vollmacht für die Konten! Die Laune meines Vaters und meiner Kinder war schnell auf null, denn ich war drei Stunden damit beschäftigt, alles zu regeln ... Zwischendurch war der Akku meines Handys leer, und ich musste zu allem Übel auch noch auf das Handy meines Vaters zurückgreifen. All das passiert eben nur meiner Mutter! Sie hat ihre eigenen Schutzengel, aber sie kümmert sich nicht wirklich um sie, und das ist dann das Resultat! Sie ist ein wahrer Pechvogel, leider. Vielleicht sollte ich ihr meine Schutzengel ab und zu einmal ohne ihr Wissen vorbeischicken ...

Um die Geschichte zu Ende zu erzählen: Ich hatte keine Möglichkeit, auch nur eine Karte sperren zu lassen. Aber auch hier schickte ich meine Stoßwünsche zu meinen Engeln, und es hat funktioniert! Ich schaffte es tatsächlich, die Dame am Telefon davon zu überzeugen, mir zu helfen – und das in der Weihnachtszeit! Normalerweise sind ja meine Engel in dieser Zeit kaum zur Stelle. Mag sein, dass sie mit meiner Mutter Mitleid hatten, denn sie sprangen schließlich für sie ein, und nicht für mich. In jedem Fall ist mir durchaus bewusst, dass die Stoßwünsche erhört wurden.

Wichtig finde ich auch, dass man seinen Engeln stets mit Höflichkeit begegnet. Ich spreche zwar laut mit Viktor und Thaddäus, das bedeutet aber nicht, dass ich sie anschreie oder ihnen keinen Respekt zolle. Je mehr man mit seinen Engeln kommuniziert, desto öfter wird man natürlich von einigen Menschen komisch angesehen, dessen sollte man sich immer bewusst sein. Meine engen Freunde wissen, dass die Engel zu mir gehören, manche belächeln das etwas, viele bitten mich aber auch um Hilfe. Es sollte einem aber grundsätzlich völlig egal sein!

Engel sind etwas, an das man glaubt – oder eben auch nicht. Zwinge niemanden zu »glauben«, es genügt, wenn du es tust. Alleine die Tatsache, dass du dieses Buch liest, bringt dich schon ein bisschen näher zu deinem persönlichen Engeln. Und die, die ihre Engel schon kennen, werden sich hier bestimmt an der ein oder anderen Stelle wiederfinden. Doch Beweise für Engel zu fordern, das ist völlig verfehlt! Ich weiß, dass wir in einer Welt leben, in der alles bewiesen werden muss. Man glaubt nur das, was man schwarz auf weiß vor sich sieht, doch ich glaube, so wird unsere Welt nicht besser.

Gerade ältere Menschen wenden sich oft an Gott, weil ihnen das Leben gezeigt hat, dass sie ohne eine »höhere Macht« nicht auskommen. Als junger Mensch hatte ich damals einfach Hoffnung – Hoffnung, dass es Engel gibt, die mir in vielen Situationen helfen können. Diese Hoffnung wurde erfüllt! Das war sogar sehr oft unheimlich wichtig für mich. Ich gehe sogar so weit zu sagen, dass ich ohne meine Engel nicht überlebt hätte. Ich bin mit 14 das erste Mal von zu Hause weggelaufen. Selbst mein Frauenarzt sagte mir damals: »Giulia, wenn du glücklich werden willst, hau ab und löse dich von deiner Mutter!« Meine Kindheit war kein Zuckerschlecken, aber ich hatte schon nach dem Gespräch mit dem Frauenarzt, der um die Probleme mit meiner Familie wusste, Hoffnung! Ich wusste und hoffte, mit Hilfe der Engel alles zu schaffen: mich selbst zu versorgen, meinen Weg zu finden, glücklich zu werden. Und das schafft jeder, der diese Hoffnung und diesen Glauben hat! Meine Engel versorgten mich schon damals mit Selbstvertrauen, in dieser Welt bestehen zu können. Ich bat sie um Selbstvertrauen und Stärke, und ich bekam alles!

Frage also nicht, sondern bitte – und du wirst sehen, dass du gehört wirst ...

(Zeichnung des Mediums, siehe Anhang 3, Seite 170)

Penny McLean

Gerade habe ich wieder den Grand Prix Eurovision de la Chanson im Fernsehen gesehen; die »No Angels« sind Drittletzte geworden, und immer wenn ich diese Veranstaltung sehe, kommen bei mir Erinnerungen hoch. Mein Vater Ralph hat mit seinen Künstlern so oft an diesem Event für Deutschland teilgenommen, und zu jedem Grand Prix gibt es natürlich auch spannende Geschichten, die sich hinter den Kulissen abgespielt haben.

Viele von euch können sich sicher an das Jahr 1977 entweder kaum erinnern, oder sie waren noch gar nicht geboren. In diesem Jahr produzierte mein Vater die Gruppe »Silver Convention«; den Glanz dieser Gruppe machte die Sängerin Penny McLean aus. Penny hatte und hat bis heute eine ganz faszinierende Ausstrahlung – sie hat etwas Gütiges, sehr Warmes und Engelhaftes!

Mit dem Song »Telegram« schafften Silver Convention wenigstens Platz 8 beim Grand Prix.

Penny ging bei uns zu Hause schon zu der Zeit immer ein und aus. Sie wurde so etwas wie die gute Seele der Familie Siegel. Mein Vater hielt immer große Stücke auf sie, und schon damals, und da war ich ja nun wirklich noch ein kleines Mädchen, strahlte sie auf mich Ungeheuerliches aus. Sie war eben nicht nur die Sängerin von Silver Convention, war nicht nur ein Star («Fly Robin Fly« war ein Megahit in Deutschland), sondern Penny hatte Strahlkraft, immer einen guten Rat – und sie strahlte Liebe aus.

Anfang der 80er Jahre beschloss Penny, auch nach außen zu zeigen, was noch in ihr steckt. Neben der Musik begann sie, Bücher zu schreiben, vor allen Dingen über Schutzengel. Penny ist für mich die absolute Expertin, wenn es um Engel geht. Sie gibt heute Seminare, schreibt weiter fleißig und ihr habe ich es zu verdanken, dass ich meine Schutzengel gefunden habe. Ich werde ihr dafür immer sehr dankbar sein, denn Penny hat also den Grundstein bei mir gelegt!

Mein Vater wusste schon sehr früh von den Fähigkeiten seiner Sängerin. Immer wenn meine Mutter mal wieder ein Schmuckstück verloren hatte, wurde Penny angerufen. Sie kam dann vorbei und pendelte. Für mich als Kind war das natürlich völlig faszinierend – da kommt Penny, hat ihr Pendel dabei, schwingt damit hin und her und macht meine Mutter wieder zum glücklichsten Menschen weit und breit, weil sie sagen kann, wo der teure Schmuck liegt, den meine Mutter stundenlang vorher gesucht hatte! Das ist aber eher eine kleine Anekdote zum Schmunzeln, Pennys Kräfte liegen natürlich in ganz anderen Bereichen. Denn auch wenn wir kurz vor dem Grand Prix standen, griff mein Vater auf Pennys Wissen und auf ihre Kraft zurück. Sie konnte tatsächlich sehr gut vorhersehen, auf welchem Platz wir landen würden ...

Es gibt Menschen, die gehen in schweren Situationen zu einem guten Therapeuten, was völlig in Ordnung ist und ich auch ganz normal finde. Ich habe meine Engel, sie sind es, die mir anstelle eines Therapeuten helfen.

Meine Beziehungen waren oft nicht einfach. Einige Trennungen und eine schlimme Scheidung habe ich hinter mir. In diesen ganzen Jahren bat ich meine Engel immer wieder um Hilfe und erfuhr ihre ganze Unterstützung. Auch an dieser Stelle kommt Penny wieder mit ins Spiel!

Mit meinem Großvater hatte ich ein Jahr lang wenig Kontakt. Er hatte sich für meine Begriffe zu sehr auf die Seite meines Ex-Mannes geschlagen, hatte Partei für ihn ergriffen. Sowohl mein Exmann als auch mein Großvater hatten das Gefühl für die Realität etwas verloren, so möchte ich es mal vorsichtig ausdrücken. Sie hatten ihre eigene Sicht der Dinge, wie sich Männer gegenüber Frauen in Beziehungen zu verhalten hätten.

Mir tat es sehr leid, dass der Kontakt zu meinem Großvater eingestellt war, denn natürlich liebte ich ihn sehr.

Einige Tage nach seinem Geburtstag starb mein Großvater, ausgerechnet in der Zeit, in der wir keinen Kontakt zueinander hatten. Tage zuvor hatte ich sogar geträumt, dass er sterben würde.

So ist das übrigens sehr oft bei mir! Tage, bevor etwas Schlimmes passiert, weiß ich es schon. Es gibt viele Menschen, denen es so geht. Wenn du auch dazugehörst ... hab keine Angst davor. Ich weiß, was für ein Gefühl das ist; nimm es einfach so hin, denk nicht darüber nach, hinterfrage es nicht. Es ist eine Gabe, auch wenn sie nicht immer wirklich positiv erscheint. Die Engel werden dir sicher dabei helfen können, damit klarzukommen.

Im Vorfeld der Beerdigung meines Großvaters kam es zu einem Eklat zwischen meiner Mutter und mir. Die ganze Familie war im Restaurant zum Abendessen versammelt. Auf Details möchte ich hier nicht eingehen, nur so viel: An dem Abend schwor ich mir eigentlich, meine Mutter aus meinem Leben zu streichen. Familienzusammenhalt steht für mich an oberster Stelle, egal was passiert, ob Wahrheit oder Lüge, Eltern müssen hinter ihren Kindern stehen und umgekehrt. An diesem Abend wurde mir klar, dass ich mit diesem Gefühl und der Einstellung bei meiner Mutter falsch lag. Ein paar Tage vor der Beerdigung war das natürlich eine richtig heftige Nummer. Es reichte also nicht, dass ich gerade einen sehr lieben Menschen verloren hatte, ich musste mich auch noch mit einer sehr schmerzlichen Zeit meiner Vergangenheit auseinandersetzen – und dazu auch noch einmal mehr mit meiner Mutter.

Es kam also der Tag der Beerdigung. Die Zeremonie verlief so weit recht glatt, obwohl es natürlich eine unheimlich traurige Angelegenheit war. Der Nebelzustand, in dem man sich bei solch einer Beerdigung befindet und in dem man alles nicht so recht fassen kann, und dann noch die Nachwehen des Emotionschaos, das ist schon eine bleibende Erinnerung ... Nach der Beisetzung folgte der obligatorische Leichenschmaus. Ich saß an einem Tisch mit alten Freunden meines verstorbenen Großvaters. Mein Vater, meine Mutter und Penny saßen an einem anderen Tisch. Ich bin fest davon überzeugt, dass ich durch Pennys pure Anwesenheit einigermaßen gut durch diese Situation gekommen bin; sie hat die Strahlkraft eines Engels, und was dann geschah, war einfach wunderbar und unglaublich zugleich!

Ich hatte genug, wollte gehen und verabschiedete mich von allen, auch von meiner Mutter. Sie würdigte mich jedoch keines Blickes, schlimmer noch, sie drehte mir den Rücken zu. Mir zog es fast den Boden unter den Füßen weg! Ich muss an dieser Stelle sicher nicht extra betonen, wie sehr mich das getroffen hat. Trotz der Geschichte, die sich wenige Tage vorher zugetragen hatte, und obwohl alles wieder hochkam, wollte ich ihr die Hand reichen, und dann diese Reaktion! Penny sah sich das alles nur von der Seite aus an und konnte es ebenso wenig fassen. Irgendetwas sagte mir, dass ich noch nicht gehen sollte. Doch ich konnte auf keinen Fall mehr in diesem Raum bleiben. Ich hatte aber das unglaublich große Bedürfnis, noch mit Penny zu sprechen, wusste allerdings selbst nicht genau, warum.

So ging ich erstmal mit einem sehr engen Freund in einen Nebenraum und ließ mich von ihm auffangen. Auch er war völlig fertig, konnte das alles nicht nachvollziehen. Ich wollte warten, bis meine Mutter gegangen war, um dann zurückzugehen, in der Hoffnung, dass Penny dann noch da sein würde. Ich musste einfach noch einmal mit ihr alleine sprechen. Als meine Mutter dann endlich gegangen war, ging ich zurück. Mein Vater und seine Frau Kriemhild hatten zum Glück nichts davon mitbekommen.

Penny stand am Tisch und lächelte mich an. Sie fragte natürlich sofort: »Sag mal, Giulia, was war denn das bitte? Was ist denn hier los?« Merkwürdigerweise wollte ich ihr nicht alles haarklein erzählen; die Vorfälle zuvor waren für mich auf einmal gar nicht mehr wichtig ... Sehr schnell lenkte ich das Thema auf die Engel – wahrscheinlich weil sie mir immer geholfen hatten in schwierigen Situationen, und Penny war ja nun schließlich diejenige, die mich mit dem Thema vertraut gemacht hatte.

Sie ging auch sofort darauf ein und fragte, wie es mir denn so gehe. Ich erzählte nochmals, dass ich ihr sehr viel zu verdanken habe, dass sie mich zu den Engeln gebracht hätte, erzählte ihr von Viktor und auch von der Begegnung mit dem Medium und wie ich so meinen zweiten Engel Thaddäus gefunden hatte! Als ich den Namen »Thaddäus« erwähnte, wurde Penny stumm, pure Fassungslosigkeit in ihren Augen ... Sie sagte: »Giulia, das ist einfach nicht zu fassen! Ich war vor Kurzem auf einem Flohmarkt in Wien, schlenderte einfach so darüber und kam an einen Tisch, auf dem viele esoterische Kleinigkeiten zum Verkauf auslagen. Die Frau hinter dem Tisch schaute mich an und reichte mir dann eine Karte mit einem gemalten Bild mit den Worten: ›Hier, nehmen Sie die bitte, Sie werden bald danach gefragt werden.‹ In dem Moment hatte ich keine Ahnung, was ich mit dem Bild anfangen sollte, aber da ich Kurse und Seminare gebe, dachte ich, na ja, in einem Kurs wird mich sicher jemand nach dem Bild beziehungsweise nach der Karte fragen. Jetzt weiß ich, dass mir die Frau diese Karte für dich mitgegeben hat, denn ... glaub es oder nicht, die Karte zeigt ›Thaddäus‹!«

Einige Tage später hatte ich die Karte von Thaddäus im Briefkasten. Ich habe auch in dieser Situation nicht hinterfragt, ich habe es einfach so angenommen. Ich habe auch nicht noch einmal bei Penny angerufen, um mir das alles erklären zu lassen. Ich bin glücklich, dass es sie gibt und weiß, dass sich unsere Wege immer wieder kreuzen werden. Sie ist ein lebender Engel, und sie wird es immer für mich sein!

Ich habe lange überlegt, ob ich euch diese Karte zeigen soll, denn sie ist sehr persönlich, aber nachdem Penny mir die Erlaubnis gegeben hat, möchte ich sie doch gerne zeigen. Sie ist wunderschön, und ich dachte mir, diese Karte unterstreicht in bildlicher Form meine Geschichte mit Penny und Thaddäus. Und vielleicht könnt ihr beim Ansehen etwas für euch erkennen. Viel Freude damit! *(Siehe Anhang 1, Seite 166-167)*

Mein Papi, die Engel & der 28. Geburtstag

Ihr wisst mittlerweile, dass ich meine Engel jeden Tag beschäftige. Ich bleibe einfach dabei: Engel brauchen Arbeit, und je mehr auch du dich mit Engeln beschäftigst, desto erfolgreicher ist die »Arbeit« mit ihnen. Es gibt viele Menschen, übrigens auch Freundinnen von mir, die schon irgendwie von ihren Engeln wissen. Sie nennen sie salopp »Schutzengel« oder sagen Dinge wie »Oh Mann, da habe ich einen super Schutzengel gehabt, weil ...« immer dann, wenn ihnen beinahe etwas Schlimmes passiert wäre.

Es gibt einen gewissen Grundsatz für mich: »Ich habe keinen Bock, jemanden zu bekehren; entweder glaubt ein Mensch an Gott, an Engel, was weiß ich, oder eben nicht!« Was bringt es, wenn man gebetsmühlenartig den

Leuten immer wieder etwas vorkaut und versucht, sie zu überzeugen? Eben – gar nichts! Ich kann allerdings nicht verleugnen, dass ich Freunde und Bekannte immer wieder in Verblüffung versetze.

Und hier sind wir wieder beim Thema »Engel«. Ich finde, dass man am besten in Alltagssituationen zeigen kann, dass es Engel gibt und dass nicht immer gleich die Welt verändert werden muss, um etwas »sichtbar« zu machen. Das Problem, das viele Menschen haben, ist doch: Die meisten Leute haben kein Problem damit zu sagen, ob sie SPD oder CDU wählen, dazu können sie stehen. Beim Thema »Engel« wird das dann schon schwerer. Sich hinzustellen und zu sagen: »Klar, ich hab einen oder mehrere Schutzengel, sicher arbeite ich mit ihnen, und sie helfen mir«, den Mut haben nur wenige – leider ... Bei vielen, die den Mut hätten, fehlt ein wenig der Glaube – der Glaube an sich. Selbst Freundinnen von mir habe ich durch ganz kleine »Tricks« den Mut gegeben, an sich und ihre Engel nicht nur zu glauben, sondern sich auch hinzustellen und dazu zu stehen!

Du willst jetzt sicher wissen, was das für kleine »Tricks« sind. Nun, nehmen wir mal meinen 28. Geburtstag. Du musst an dieser Stelle wissen, dass ich über die Jahre hinweg ein absoluter Familienmensch geworden bin; im Grunde war ich es immer, auch wenn die vorherigen Kapitel vielleicht nicht ganz danach aussehen. Vor allen Dingen mein Vater ist und bleibt für mich der wichtigste Mensch überhaupt. Indirekt habe ich es ihm ja auch zu verdanken, dass ich in den »Genuss« der Engel gekommen bin, denn schließlich hat er durch die Freundschaft zu Penny dafür gesorgt, dass ich mit dem Thema in Berührung gekommen bin.

An all meinen Geburtstagen sind wir immer essen gegangen, immer teuer, immer schick, entweder zum »Käfer« oder ins »Trader Vic's«, wir waren also stets mit der ganzen Familie in den tollsten Läden Münchens unterwegs, und meistens war das auch ein echter Spaß. Aber vielleicht kennst du das auch von dir selbst: Irgendwann hat man dann einfach keine Lust mehr auf immer und immer wieder dieselben Themen. Musik bestimmt nun einmal das Leben unserer ganzen Familie. Es wurde oft gesungen, und mein Vater hatte sich ja nun ganz der Musik verschrieben, immer auf hohem Niveau.

Na ja, lange Rede, kurzer Sinn: Wie du schon bemerkt hast, habe ich schon immer ein wenig »gegengesteuert«. Ich war zwar nicht unbedingt das schwarze Schaf in der Familie, aber alle wissen, dass Giulia immer für eine Überraschung gut ist. Nach dem ganzen »Gekäfere« und »teuer, teuer« wollte ich an meinem 28. Geburtstag daher einfach mal was anderes. Mein Wunsch war es, den Geburtstag in einer Karaoke-Bar zu feiern mit Essen, Singen, Spaß haben und das auch mit den »alten Herrschaften«, um es auf den Punkt zu bringen, also mit der ganzen Familie Siegel: Vater, Großvater, Freundin vom Großvater, Mutter, Schwester – mit allen ab in einen thailändischen Karaoke-Laden; ich sag es euch ... ein Bild für die Götter!

Mein Vater hatte mich gebeten, ihn abzuholen, und als brave Tochter macht man das natürlich. Ich sah mein ständiges Problem in München, die Parkplatzsuche, schon unaufhaltsam auf mich zukommen. In München gibt es einfach keine Parkplätze, vor allen Dingen dann nicht, wenn man sie braucht. Ich habe mir aber angewöhnt, rechtzeitig bei Viktor und Thaddäus um Hilfe zu bitten. Spätestens fünf Minuten bevor ich einen Parkplatz brauche, schalte ich meine beiden Engel ein. Engel für die Parkplatzsuche zu beanspruchen mag für viele lapidar klingen, völlig Banane. Aber – genau solche Lappalien, solche kleinen Situationen sind es, die bei den Leuten, die nicht so recht an Engel glauben, absolute Wirkung zeigen, vor allen Dingen dann, wenn es klappt.

Keine Ahnung, was mich an meinem Geburtstag geritten hatte. Erst war es die Idee mit der Karaoke-Bar, und nun wollte ich meinem Vater ein bisschen »beweisen«, dass das mit meinen Engeln einfach funktioniert, auch, und sei es noch so banal, bei der Parkplatzsuche!

Ich holte also meinen Vater und Kriemhild zu Hause ab; er war guter Dinge und nahm hinten Platz. Als wir uns der Türkenstraße in München näherten – und ich schwöre dir, in München gibt es eigentlich nie Parkplätze, und in der Türkenstraße schon gar keine –, bat ich Viktor und Thaddäus um Hilfe bei der Suche; wie gewohnt natürlich laut, so dass mein Vater dies mitbekam!

Er lachte einfach die ganze Zeit nur vor sich hin; er wusste zwar um meine Engel, einfach aus meinen Erzählungen, aber er hat mich ganz sicher nie ernst genommen. Endlich in der Türkenstraße angekommen, schickte ich nochmals ein Stoßgebet zu meinen Engeln, denn wir waren knapp mit der Zeit, ich bekanntermaßen auch noch fußfaul, und zudem schon sehr nah an der Karaoke-Bar. Ich wusste ganz sicher, dass mich meine Engel gerade jetzt niemals im Stich lassen würden. Die Stimmung meines Vaters wurde immer besser, je mehr belegte Parkplätze er sah, ganz nach dem Motto: »Giulia, das ist alles ein netter Spaß, du und deine Schutzengel, das ist alles ganz süß, aber ... Gib es auf, das wird eh nichts mehr!« Genau in diesem Moment standen wir vor der Location – und genau in dieser Sekunde fuhr ein Auto direkt vor der Tür des Karaoke-Restaurants aus einer Lücke, so dass ich einfach reinrauschen konnte.

Du kannst dir vielleicht vorstellen, dass auf der Rückbank sofort einfach nur Stille herrschte. Mein Vater sagte kein Wort mehr, und ich feierte mich innerlich wie eine Königin! Mein Vater wusste ja immer von meinen Engeln, aber, ich habe noch mal genau überlegt, an diesem Tag habe ich das erste Mal in seiner Anwesenheit laut mit ihnen gesprochen. Ich weiß auch, dass mein Vater grundsätzlich an Schutzengel glaubt, aber erst an diesem

Tag hat er etwas »realisiert«. Ich weiß bis heute nicht, ob mein Vater mittlerweile den Mut hat, mit seinen Engeln zu kommunizieren, laut wahrscheinlich schon gar nicht. Egal – ich hoffe, es hat in jedem Fall etwas in ihm ausgelöst.

Und genau diesen Effekt mag ich sehr gerne. Das wollte ich auch am Anfang des Kapitels sagen: In Alltagssituationen Menschen zu zeigen, dass die Arbeit mit Schutzengeln wirklich funktioniert, das ist einfach etwas Wunderbares.

Ich möchte dir an dieser Stelle auch gerne sagen: Hab den Mut, zu deinen Engeln zu stehen, wenn du spürst, dass sie da sind. Sprich sie einfach einmal an, fang an, mit deinen Engeln zu arbeiten, ruhig auch dann, wenn du gar nicht weißt, wie sie heißen. Und scheu dich nicht davor, auch anderen gegenüber ganz frei damit umzugehen, selbst wenn du denkst, dass sie dich für völlig verrückt halten. Wie schon gesagt: Schwarz und weiß kennt jeder, ja und nein sagen können auch alle, aber zu sich und seinen Gedanken zu stehen, das schaffen wirklich nur wenige.

Das Leben kann mit der Hilfe der Engel so viel einfacher sein. Kleine »Probleme« des Alltags werden wirklich relativ. Versuch es einfach einmal so zu machen, wie ich: Bitte deine Engel, frag nicht! Denn auf die Bitte hin bekommst du eine viel schnellere und »direktere« Antwort, nämlich ein konkretes Ergebnis!

Übung macht den Meister, und wenn du jetzt schon damit anfängst, dann wirst du am Ende des Buches schon sehr viel besser sein und hoffentlich mehr Mut haben, im besten Fall wirst du dann bereits tolle Ergebnisse erzielen. Hab ganz viel Freude – vielleicht schon bei deinen ersten Versuchen!

Mein erster Absturz

Es gibt so einige Dinge, die einfach zu meinem Leben gehören; ich denke, das ist grundsätzlich bei jedem von euch auch so. Ob immer wiederkehrende Rituale, Erlebnisse, Denkweisen, Ansichten, es gibt Dinge, die kommen immer wieder oder gehören einfach zu einem. Bei mir gibt es das natürlich auch. Die Musik zum Beispiel ist ein Lebensinhalt schlechthin, wenn man in der Familie Siegel groß geworden ist.

Seit ich denken kann, gibt es aber auch immer wieder ein anderes Thema, das sich durch mein Leben zieht: Unfälle! Ich hab ja schon geschrieben, dass mir die meisten Unfälle um die Weihnachtszeit passieren und ich wirklich das Gefühl habe, dass meine Engel gerade in der Vorweihnachtszeit einfach etwas anderes zu tun haben, als auf mich aufzupassen. Scheinbar muss ich an diesem Punkt noch arbeiten; du siehst, auch ich brauche wohl noch viel Übung im perfekten Umgang mit meinen Engeln ...

Meine Unfallgeschichten begannen bereits im Kindesalter. Gerade jetzt, wo ich hier sitze und mir all diese Erlebnisse noch einmal ins Gedächtnis rufe, fällt mir eine Geschichte dazu ein, die mich sicherlich das Leben hätte kosten können. Sie soll ein bisschen sinnbildlich für viele vergleichbare Engelbegegnungen stehen.

Wie es sicher jeder von euch kennt, hatte auch ich mit dreizehn Jahren einen dieser meist unangenehmen Schulausflüge. Ich mochte die nie wirklich gerne, denn ich machte ja schon immer beziehungsweise sehr früh mein eigenes Ding, und meist waren mir einfache Wanderausflüge mit der Klasse zu langweilig. Das Bild: Rucksack, belegte Brote, die sich durch die Hitze komplett aufgelöst hatten, bevor man sie essen konnte, die Apfelstückchen, die Mama in einer Tupperdose mitgegeben hatte, waren meist schon braun, warm und schmeckten nicht mehr wirklich, dazu natürlich das obligatorische Getränk: Sunkist oder Capri-Sonne, auch warm, aber meist wenigstens lecker, weil einfach jede Menge Zucker drin ist. Dieses Bild von Wandertagen kennt wohl jeder von euch in irgendeiner Form.

Bei richtigen Landschulheimaufenthalten, wo man eine ganze Woche von zu Hause fort war, sah das Ganze natürlich ein bisschen anders aus. Man dachte: Jetzt bin ich schon groß, endlich mal eine Woche raus, es endlich mal richtig krachen lassen, feiern, trinken, rauchen, die Jungs wild machen und einfach eine gute Zeit mit dem

Lieblingslehrer haben oder auch mit den Schulfreunden. Das Gegenteil war leider oft der Fall, das kennst du sicher auch. Während der Busfahrt ins Landschulheim wurde es meist schon ätzend. Schon hier stellten die Lehrer dieselben üblen Regeln auf, die man von zu Hause oder aus der Schule kannte. In dem Alter findet man Regeln sowieso ziemlich doof, man ist mitten in der Pubertät und hat eben seine eigene Sicht der Welt. So sind die Freude und das, was man sich so für die kommende Woche vorgestellt hat, meist schon von Anfang an »für den Ofen«. Alle waren also schon mies gelaunt, bevor das Ziel erreicht war – toll! Nach einer endlos langen Fahrt endlich angekommen, begrüßten einen die Herbergseltern, machten zunächst auf freundlich, um dann wieder die Regeln des Hauses zu präsentieren: Jungs und Mädchen schlafen getrennt – ein Skandal, hat man sich doch gerade mit einem Schulkameraden im Bus noch besser verstanden als im Unterricht ... Um 22 Uhr beginnt natürlich die Nachtruhe, und dann wird auch die Herberge abgeschlossen. Jeder, der zu spät kommt, muss die Nacht im Freien verbringen; er kommt sicher nicht mehr ins Gebäude.

Super Sache – somit hatte sich dann der Traum von einer Woche Freiheit, Urlaub von den Eltern etc. völlig erledigt. Dazu kamen noch endlose Diskussionen mit den Lehrern und langweilige Ausflüge in noch langweiligere Museen.

Daher ist es schon unglaublich, und du wirst es kaum glauben, aber ich hatte wenigstens einmal richtig Glück mit einem solchen Ausflug. Na ja, zumindest sah es erst einmal danach aus ...

Unsere Lehrer hatten sich in diesem Jahr endlich mal was Besonderes ausgedacht. Wir sollten alle gemeinsam zu einem Ausflug in die Nähe von Salzburg fahren, geplant war eine kleine Bergbesteigung. Ich liebe die Berge und das Skifahren bis heute. Das hat einfach alles ein bisschen das Gefühl von Freiheit, nur die Natur, die man irgendwie bezwingen muss, frische Luft, ein bisschen Abenteuer, und außerdem bin ich sowieso ein sehr sportlicher Mensch; das war auch damals schon so.

Am ersten Tag zog also die ganze Schulklasse Richtung Berg los. Fast oben angekommen, befand sich vor uns eine sehr hohe Wand, die zum Klettern einlud. Drei Klassenkameraden und ich waren der vollen Überzeugung, den anderen nun mal unsere Kletterkünste beweisen zu müssen. Natürlich hatte keiner von uns jemals Erfahrung mit dem Klettern gemacht! In meinem jugendlichen Leichtsinn hatte ich einfach nur ein Bild vor Augen: Berge, Gipfel und – wie ich mir einbildete – ein Sicherungsseil, und es kann losgehen. Leider war dort aber kein Sicherungsseil; somit hatte es eher etwas von Freeclimbing. Da stand ich also vor einer »albernen« Kletterwand, senkrecht, ohne farbig markierte Routen oder angeschraubte Kletterhilfen, die Steine und Felsvorsprünge simulieren sollten, und war schon mächtig bedient. Das hatte ja so gar nichts mit dem zu tun, was ich mir vorgestellt hatte. Aber einen Rückzieher zu machen und ausgelacht zu werden, passte nicht zu meinem kindlichen Stolz und meiner draufgängerischen, risikofreudigen Lebenseinstellung.

Lehrer sind normalerweise gerade in solchen Situationen meist besonders vorsichtig; wehe wenn da etwas passiert! Sie fürchten das ganze Theater mit den Eltern, der Versicherung, dem Schuldirektor und so weiter. Diese Frage stellte sich für mich natürlich nicht. Durch meine Engelchen gehe ich immer davon aus, dass mir nichts passieren wird. In der ganzen Aufregung hatte aber keiner der Verantwortlichen bemerkt, dass ich schon auf dem Weg nach oben war. Ich hörte unten das Gemurmel und die Anfeuerungsrufe meiner Klassenkameraden. Ich kletterte immer höher und war erstaunt, wie anstrengend das Ganze doch war, aber es war mir vollkommen egal, dass ich nicht gesichert war. Das Adrenalin ließ mich übermütig werden.

Ich war einfach nur noch mit mir selbst beschäftigt und hatte beinahe alles um mich herum vergessen. Plötzlich hörte ich einen meiner Schulkameraden schreien; er rief mir fast panisch laut irgendetwas zu. Ich konnte leider nicht verstehen, was er nun gerade in diesem Augenblick von mir wollte. Konnten die unten denn nicht sehen, dass ich hochkonzentriert war? Ziemlich genervt über solch einen dummen Bubenstreich hielt ich mich also mit der einen Hand fest und drehte den Oberkörper ziemlich ruckartig, um nach unten sehen zu können. Genau in dieser Sekunde merkte ich, wie meine Kraft zu Ende ging, die ruckartige Bewegung einfach »too much« war.

Dann weiß ich erstmal nichts mehr. Ich merkte nur noch, wie ich meterweise den Abgang nach unten machte, sehr hart auf dem Boden aufkam, nachdem ich mich noch ein paar Mal überschlagen hatte – dann war einfach nur noch Stille. Die Geräusche verstummten, die Stimmen wurden leiser; ich vernahm nur einen mächtigen Hall, ähnlich wie in einem Traum.

Als ich wieder einigermaßen zu mir kam, war mir schlagartig bewusst: Giulia, du bist aus sieben bis acht Metern Höhe abgestürzt, du kannst dich nicht mehr bewegen, das sieht verdammt nach Bruch der Wirbelsäule aus, Querschnittslähmung, Rollstuhl, das war es dann wohl! Ich spürte meinen Körper nicht mehr, konnte nur noch meinen Kopf drehen, und mein linkes Fußgelenk sah aus wie ein großer Luftballon.

Viele Menschen haben sicher bereits Vergleichbares erlebt, und die Geschichten decken sich auch meistens. Man merkt, das war es jetzt, und der nächste Gedanke ist dann: Nein, so schnell gibst du auf keinen Fall auf! In meinem Fall war es ja so: Ich hatte meinen Engel! Ich konnte mich kurz sammeln, um eine meiner Stoßbitten zu ihm zu schicken. Zu diesem Zeitpunkt war mir nur ein Engel wirklich bewusst, also betete ich: »Viktor, ich bitte dich, hilf mir, mach es möglich, dass ich wieder tanzen kann, lass es nicht so enden, sorge dafür, dass mir hier und jetzt nicht wirklich etwas Schlimmes passiert!«

Ich hatte furchtbare Angst! Du musst wissen: Zwei Wochen vorher hatte ich eine Prüfung absolviert an einer der härtesten Ballettschulen überhaupt, der Bosel-Stiftung. Diese Prüfung entschied, wer weiter an der Schule bleiben durfte, und wer leider gehen musste. 100 Mädchen tanzten sich die Seele aus dem Leib, und nur zwei kamen durch – Sandra Ufer, eine Freundin, mit der ich damals in die Französische Schule ging, und ich! Ich hatte alles dafür gegeben; diese Prüfung war zu diesem Zeitpunkt das Wichtigste für mich. Dafür hatte ich seit meinem dritten Lebensjahr hart trainiert, denn bei meiner Größe musste ich eine der Besten sein, und mit meinem starken Willen hatte ich die Prüfung tatsächlich geschafft! Ich konnte mir unmöglich vorstellen, dass das alles umsonst gewesen sein sollte. Mein Lebenstraum war einfach akut in Gefahr – und das nur wegen dieser blöden Kletterei!?

Die alarmierte Bergwacht stellte sehr schnell fest, dass an der Stelle, an der ich mich befand, kein Abtransport möglich war. Ich begriff natürlich sofort, was die Stunde geschlagen hatte. Und wieder sprach ich mit meinem Engel, immer und immer wieder. Ich konnte nur per Hubschrauber von der Stelle geborgen und in ein Krankenhaus nach Salzburg geflogen werden; dieser befand sich schon auf dem Weg. Was dann passierte, war schlicht unglaublich und wieder typisch Giulia. Nichts kann einfach einmal nur »normal« ablaufen, selbst in einem solchen Moment nicht, der ja ohnehin schon schlimm genug ist.

Als der Hubschrauber ankam, lief erst einmal alles routinemäßig ab. Von oben wurden ein Seil mit einer menschengroßen Schale und ein Arzt zu mir hinabgelassen. Ich wurde vorsichtig in diese Schale gehoben, die mit etwas Sandähnlichem gefüllt war, damit ich stabil lag. Die Hülle wurde mit einem Reißverschluss zugezogen, und an meinem Kopf befanden sich Sichtfenster, damit ich sehen konnte, was um mich herum geschah.

Dann sollte ich per Seil in den Hubschrauber gezogen werden, gemeinsam mit dem Arzt, der neben mir schwebte. Blöd war nur, dass dem geübten Piloten ein Tannenbaum im Weg war und sich der Arzt und ich in der Schale mit dem Seil in der Spitze der Tanne verfingen. Du kannst dir vielleicht vorstellen, dass ich mit Viktor ständig in Verbindung blieb, sonst wäre ich alleine vor Angst gestorben. Der Hubschrauber schwebte an gleicher Stelle, und der Arzt war verzweifelt damit beschäftigt, dieses blöde Seil aus den Zweigen zu befreien. Nach einigen Minuten, die mir wie eine Ewigkeit vorkamen, ging die Seilwinde wieder los. Immer noch an dem Seil hängend, wurden wir zu einer sich auf dem Berg befindenden großen Lichtung geflogen und dort auf den Boden abgeseilt. Kurz darauf landete der Pilot neben uns, und ich konnte endlich in den Hubschrauber verfrachtet werden.

Ich war aber immer noch in Panik, da ich noch keines meiner Gliedmaßen bewegen konnte, sondern nur meinen Kopf nach rechts und links. Tränen liefen mir pausenlos über das Gesicht, auch im Hubschrauber. Ich fühlte mich nicht wirklich in Sicherheit und bemühte mich zu glauben, gut ... jetzt wird dir geholfen, das Schlimmste hast du erst einmal überstanden, den Rest wird sicher Viktor für dich erledigen.

Zunächst wollte der Notarzt jedoch ein paar wichtige Dinge von mir wissen: Name, Adresse, Name und Telefonnummer der Eltern und und und ... – genau die Fragen, die man gerade in einer solchen Situation am besten gebrauchen kann! Noch aus dem Helikopter heraus versuchte man verzweifelt, meine Eltern an die Strippe zu bekommen – leider vergebens. Später stellte sich heraus, dass mein Vater auf dem Golfplatz war. Das Handy gab es zu der Zeit nur in »Koffergröße«, so dass man es auf dem Golfplatz natürlich nicht mit sich herumtrug. Meine Mutter war, das wusste ich leider zu diesem Zeitpunkt auch nicht, für eine Woche im Wellnessurlaub.

Ich fühlte mich auf der einen Seite sehr allein und verzweifelt, was meine Tränen noch verstärkte, doch ich versuchte, mich auf Viktor zu konzentrieren, da mein Glaube an ihn mir immer viel Kraft gegeben hat. In diesen Momenten sorgte er sich um mich, beschützte mich und ließ seine Energie direkt zu mir durch. Somit fühlte ich mich einigermaßen beschützt und war mir sicher, dass alles gut werden würde, wenn es sich auch nicht wirklich so anfühlte.

Ich kam schließlich endlich im Krankenhaus an. Der Arzt machte ein paar Tests mit mir und stellte fest, dass meine Wirbelsäule in Ordnung war, auch mein Genick. Es war nichts gebrochen oder verstaucht; ich hatte wohl einfach nur einen Schock erlitten, durch den ich vor Schmerzen geschützt wurde. Nach dieser Untersuchung kam langsam wieder Gefühl in meine Arme und Beine, was zu dem Zeitpunkt leider etwas zu früh war, denn der Arzt meinte: »Zum Schluss gucken wir mal, ob die Bänder noch in Ordnung sind.« Mir war nicht bewusst, was er damit meinte. Er legte meine Beine über den Tisch, so dass mein linkes Fußgelenk – wie gesagt in Form eines Luftballons – über die Tischkante hinausragte und sagte nur, das würde jetzt ein bisschen wehtun. Dann hängte er ein paar Gewichte an den Fuß. Ich kann kaum ausdrücken, was das für Schmerzen waren!

«Die Bänder sind hin, da müssen wir wohl gleich mal operieren!«, sagte er. Da meine Eltern aber nicht erreichbar waren und somit keine Einwilligung für eine Operation erteilt werden konnte, entschloss sich das

Krankenhaus, mich mit einem Notarztwagen nach München zu bringen. Kurz vor der Abfahrt sagte man mir, dass man meinen Vater erreicht hätte und er mich im Münchner Krankenhaus erwarten würde. Das beruhigte mich sehr und stimmte mich endlich ein wenig glücklich.

Dass bei all den Symptomen, die ich am Anfang hatte, nur ein kompletter Abriss der Bänder im Fußgelenk, ein paar Prellungen und eine leichte Gehirnerschütterung herauskamen, hatte ich mit Sicherheit meinem Schutzengel Viktor zu verdanken. Wie immer bedankte ich mich bei ihm und war glücklich zu wissen, dass er in jeder Situation auf mich aufpasst – und wie er auf mich aufgepasst hatte! Ein Absturz aus sieben Metern Höhe ist kaum zu überleben – und wenn, dann nur mit erheblichen Verletzungen!

Wie du siehst, sind Engel nicht nur in »banalen« Situationen für dich da. Ich bin mir sicher, dass das alles kein Zufall war! Viele Menschen neigen dazu zu sagen: »Da hast du aber Glück gehabt!« Ganz tief in mir drinnen weiß ich aber, dass ich wohl nicht mehr am Leben wäre oder sehr schlimme Verletzungen gehabt hätte, würde es Viktor, und mittlerweile auch Thaddäus, nicht geben!

Der Rabe

Im Laufe der Jahre, und gerade durch die Arbeit mit meinen Engeln, sind mir sehr, sehr viele Dinge klar geworden, natürlich auch, dass Engel einfach ganz speziell sind. Sie setzen auf ihre eigene Art und Weise Zeichen, zeigen mir den Weg, zeigen Lösungen, spenden Hilfe, aber eben immer auf ihre ganz eigene Art und Weise. Du sollst nicht glauben, nur weil sie zu dir gehören, werden sie auch so reagieren, wie du es gerne hättest oder erwartest. Ich bin davon überzeugt, dass ich immer auch etwas lernen soll, und meine Engel unterstützen mich dabei. Das ist ja gerade das Wunderbare im Alltag mit Engeln – man kommt immer wieder ein Stückchen weiter und bekommt nicht nur einfach in der akuten Situation Hilfe. Wenn man sich auf Engel einlässt, heißt das auch immer, Seiten von sich zu erkennen, derer man sich vielleicht bis dahin noch gar nicht so recht bewusst war. Jeder Tag wird so zu einer völlig neuen Herausforderung.

Wichtig ist mir auch, dass jeder seine Engel anders sieht. Es gibt Menschen, die können deine Engel, so du sie nicht kennst, für dich sichtbar machen. Sie sehen deine Engel und können sie zum Beispiel aufmalen. Das ist wirklich eine beneidenswerte Fähigkeit, denn du selbst suchst deine Engel, siehst sie nicht, und eine fremde Person, die dich noch nie vorher gesehen hat, kann deine Engelchen spüren, sehen und sichtbar machen. Ich habe davon nie Gebrauch gemacht, denn für mich müssen Engel kein Gesicht haben oder Flügel oder all diese Dinge, die mit Engeln oft in Verbindung gebracht werden. Für mich sind Engel androgyne Wesen ohne Geschlecht und Gesicht. Sie sind vielleicht eher so etwas wie eine Erscheinung, ein Lichtbild und besitzen eine ungeheure Strahlkraft. Du solltest aber wissen: Nur weil es die Siegel so sieht, muss es bei dir ja nicht unbedingt genauso sein. Wie auch immer deine Engel für dich aussehen, ist im Grunde völlig egal. Wichtig ist in meinen Augen jedoch: Engel setzen manchmal eben auch einfach Zeichen. Dabei sind sie selbst nicht unbedingt sichtbar – dennoch ist ganz klar, dass sie dahinterstecken, natürlich im positiven Sinn.

Gerade wenn man sich schon einige Jahre mit ihnen beschäftigt hat, erreicht man ein »anderes Level«; man ist einfach schon ein bisschen erfahrener. Ab und zu versuchen sie ganz schlicht und profan mit dir zu kommunizieren, dir zu helfen, weil sie denken, dass du ihre Zeichen schon verstehen wirst – nach dem Motto »Wir kennen uns jetzt schon eine Weile, also muss ich als Engel nicht immer in Erscheinung treten und kann ja versuchen, mich anders bemerkbar zu machen. Du weißt ja, dass ich es bin«.

Es kann aber durchaus auch sein, dass Engel gar nicht in Erscheinung treten WOLLEN, dass sie dir Aufgaben geben, die du lösen musst, dass sie Zeichen geben, die du erkennen sollst und dir erst im Nachhinein klar wird, dass dich deine Engel einfach »gefordert« haben. Du merkst schon: Alle meine Engelbegegnungen haben nicht nur einen tieferen Sinn, nein ... sowohl die Engel als auch ich, wir profitieren beide voneinander, wobei ich zugeben muss, dass ich schon diejenige bin, die meistens Energie und Positives aus der Anwesenheit von Viktor und Thaddäus zieht.

Ich habe beim Schreiben dieses Buches lange darüber nachgedacht, ob ich die folgende Geschichte mit einbauen soll, denn sie hat sicher etwas Mystisches. Auf der anderen Seite hat mir die Begegnung mit dem Raben genau das gezeigt, was ich gerade versucht habe zu beschreiben: Engel setzen Zeichen, und erst hinterher wird einem klar, dass nur Engel zu so etwas fähig sind!

Vor einigen Jahren hatte ich eine eher unschöne private Situation. Trennungen von Lebenspartnern gehören leider immer wieder zum Leben dazu. Ich hatte zwar immer lange Beziehungen, doch so richtig für die Ewigkeit war eben noch nicht das Richtige dabei. Steht man wie ich in der Öffentlichkeit, so ist es auch nicht ganz einfach, ein gesundes, zurückgezogenes Privatleben zu führen. Auch für den Partner kann das natürlich ab und zu ziemlich nervig sein. Ich habe es mir die letzten vier Jahre fast komplett abgewöhnt, auf diese ganzen Promi-Galas zu gehen, wo jeder ganz wichtig ist, sich alle furchtbar lieb haben und sich doch hinter dem Rücken die Messer in den selbigen stecken – nervig! Ich bewundere Menschen wie Harald Schmidt, der seine Familie von allem völlig abschottet. Nie hat man ein Bild seiner Frau oder gar seiner Kinder in der Gala, Bunten oder ähnlichen Zeitschriften gesehen. Ich versuche seit vier Jahren, das ebenfalls, so gut es geht, zu tun – mit immer mehr Erfolg.

Einige ganz wenige ausgewählte Einladungen besuche ich noch, verschwinde dann aber immer nach dem Premierenfilm oder den obligatorischen Fotos vor der Sponsorenwand. Irgendwelche Aftershowpartys, auf denen alle mit ihrem Sektgläschen und kleinen Häppchen herumstehen und sich gehauchte Küsschen auf die Wangen geben, sind mir zuwider. Gerne lege ich bei diesen Events aber als DJ auf. Am DJ-Pult habe ich meine Ruhe und kann meinem Beruf nachgehen sowie meinen Lebensunterhalt finanzieren.

Mit meinem Mann führte ich eine »On- und Off-Ehe«, die wir – Gott sei Dank – vor der Öffentlichkeit geheim halten konnten. Wir liebten uns, konnten aber weder mit noch ohne einander. Nach jeder Trennung lebten wir trotzdem mit den Kindern gemeinsam im Haus. Damals ware es einmal wieder so weit, ich hatte mich gerade von ihm getrennt. Wir hatten im Haus ein Abkommen: Wer zuerst im Schlafzimmer war, musste nicht auf der Couch schlafen. Meistens habe ich die Nächte auf der Couch verbracht, da ich damals für einige Monate in einem Münchner Club als Marketingberaterin arbeitete und immer sehr spät nach Hause kam. Ich war meinem Mann immer sehr dankbar, dass er sich in diesen Nächten um unsere Kinder kümmerte, egal ob wir nun gerade mal wieder halb getrennt lebten oder nicht.

Mancher von euch hat vielleicht auch schon einmal solch eine »On- und Off-Beziehung« erlebt und kann meine Zweifel verstehen, ob die Entscheidung, sich zu trennen, wirklich richtig war, oder ob es vielleicht doch noch eine Chance gibt. Wenn man nach der Trennung noch unter einem Dach lebt, kommen solche Gedanken natürlich noch häufiger wieder aufs Tapet. Ich steckte damals voll drin in diesen leicht schizoiden Gedanken. War es wirklich die richtige Entscheidung? Wie viel Liebe ist da noch? Ist es einfach die Macht der Gewohnheit? Sind meine Gefühle wirklich ganz abgestorben? Sollte man den Kindern zuliebe die Ehe aufrechterhalten? Ist das die Verantwortung des Elternseins, oder geht es den Kleinen besser, wenn sich Mama und Papa ganz trennen? Vor allem der letzte Gedanke beschäftigte mich monatelang sehr.

An einem Samstag Ende Oktober 2003, als ich um 6 Uhr morgens von der Arbeit nach Hause fuhr und schon wusste, dass ich wieder einmal auf dem Sofa schlafen musste, ging mir dieser Gedanke extrem in meinem Köpfchen rum, und ich war fest entschlossen, in diesem Moment eine Entscheidung zu fällen.

Ich fuhr an der Isar entlang, und in einer Seitenstraße, zehn Meter vor einer Ampel, saß ein schwarzer Rabe, ein verdammt großes Exemplar, mitten auf der Straße! Vom Grundsatz her bin ich schon ein mystischer Mensch. Ich habe in meiner Jugend Gläser gerückt und mit Geistern gesprochen, und ich glaube noch heute daran, dass es Geister und Seelen um uns herum gibt. Einige von euch, die dieses Buch lesen, haben vielleicht auch schon ihre Erfahrungen mit dem Thema gemacht. Der Rabe steht ja sinnbildlich auch für den Tod, hat also erst einmal eine negative Bedeutung. Raben sind nicht schön, und Vögel insgesamt zählen nicht unbedingt zu meinen Lieblingstieren, das gebe ich offen zu. Dieser Rabe aber, der dort an der Ampel saß, war »mein Rabe«, das war mir relativ schnell klar! Ich fuhr weiter auf ihn zu – er bewegte sich nicht von der Stelle. Ich hätte um ihn herumfahren können, aber da war etwas in mir, das sagte: »Giulia, halt an, dieser Rabe ist für dich, er braucht deine Hilfe und will dir etwas sagen.« Ich hielt also an, stieg aus dem Auto und ging auf ihn zu. Noch immer war ich fest davon überzeugt, dass er irgendwann davonfliegen würde, wenn ich nur nah genug an ihn herankommen würde. Weit gefehlt – der Rabe bewegte sich kein Stück. Er schien aber auch nicht verletzt zu sein, jedenfalls sah man äußerlich nichts. Ohne darüber ernsthaft nachdenken zu müssen, war mir klar, dass ich den Vogel niemals hier auf der Straße sitzen lassen würde. Noch immer war da dieses Gefühl in mir: »Es hat seinen Sinn, dass das alles gerade jetzt passiert!«

Ich nahm den Raben hoch, setzte ihn auf den Fußgängerweg, ging wieder zurück und stieg in mein Auto. Dort saß ich dann geschlagene fünf Minuten, beobachtete ihn – und er auch mich. Also stieg ich wieder aus, ging mit einem alten Pullover aus dem Kofferraum bewaffnet zu ihm und hob ihn auf. Ich wickelte diesen mindestens 40 Zentimeter großen pechschwarzen Raben mit so stark glänzenden Federn, als hätte er in Öl gebadet, in den Pulli ein und setzte ihn auf meinen Beifahrersitz; mein neuer Gefährte sollte einen weichen und warmen Platz haben. Er bewegte sich kaum, beobachtete mich weiter und es schien mir so, als ob er sehr dankbar wäre, von der Straße weg zu sein.

Ich glaube nicht an Zufälle und versuche in solchen Situationen, den Sinn dessen, was gerade passiert, zu verstehen. Was wollte mir der Rabe zeigen? Wieso hatte ich ihn gefunden? Es schien mir, als habe er auf mich gewartet. Ich hatte einfach keine Ahnung, zumal ich den Raben immer wieder mit dem Tod in Verbindung brachte, und mir war völlig schleierhaft, was diese Verbindung in meinem Kopf zu suchen hatte!

Der Rabe kauerte sich im Pullover auf meinem Beifahrersitz zusammen, und ich überlegte, was ich tun könnte. Sicher fehlte ihm etwas, aber wo sollte ich um diese Uhrzeit einen Tierarzt herbekommen? Ich fuhr zur nächsten Tankstelle und fragte den Tankwart, ob er in der Nähe eine Tierklinik kennen würde. Er fragte warum, und ich erzählte ihm, dass ich einen Raben auf dem Beifahrersitz sitzen hätte. Er lachte nur und fragte, ob ich betrunken wäre. Natürlich kam er mit mir zum Auto, um sich davon zu überzeugen, und schaute mit ungläubigen Augen auf den Beifahrersitz, auf dem »mein Rabe« ihm direkt in die Augen sah. Verdutzt schaute er zu mir und sagte, er kenne keine Tierklinik.

Also dachte ich mir, dass ich es einfach in einer normalen Klinik versuche, und rief per Handy das nächste Krankenhaus mit Notaufnahme an. Sehr schnell hatte ich jemanden am Telefon. »Ich habe hier ein kleines Problem. Ich habe einen Raben gefunden, der vielleicht im Sterben liegt oder ein anderes Problem hat, kann ich vorbeikommen, damit Sie einmal nach ihm sehen und mir bitte helfen?«, stotterte ich verwirrt in den Hörer. »Nein, das können wir nicht!« Damit war das Gespräch auch beendet. »Wieder so eine besoffene Irre«, werden die sich sicher gedacht haben – kann ich auch irgendwie verstehen, aber für mich war klar, das Tier braucht meine Hilfe!

In meiner Not fiel mir nur noch »mein Freund und Helfer«, die Polizei, ein. An einem Samstagmorgen um 6 Uhr den Notruf der Polizei anzurufen und zu erzählen, ich hätte einen Raben als Beifahrer, der verletzt ist und dringend Hilfe braucht ... super Idee; eine Verrückte im Auto, total betrunken, natürlich würden sie den Anruf zurückverfolgen und mich sofort in die Irrenanstalt oder Ausnüchterungszelle stecken. Aber egal, ich wollte dem Tier einfach helfen und wusste ja, dass es die Wahrheit und ich nüchtern war.

Und siehe da: Der Polizist, wieso auch immer, glaubte mir auf Anhieb und suchte die Telefonnummer des Tiernotdienstes heraus – wenigstens ein Mensch auf der Welt, der mich ein wenig ernst nahm und mir in meiner merkwürdigen Situation zu Hilfe kam.

Mit zittrigen Händen wählte ich die Nummer des Tiernotdienstes und schilderte ihm meine Situation. Die nette Dame am anderen Ende der Leitung gab mir den Rat, ich solle erst einmal nach Hause fahren und dem Raben eine Schale Wasser hinstellen; anschließend sollte ich mich dann wieder melden.

In meinem Haus angekommen ging ich mit diesem riesigen Raben auf dem Arm ins Schlafzimmer. Mein Mann schlummerte natürlich tief und fest im Bett, wachte aber nun auf. Er schaute mich mit ungläubigen Augen an und fragte, was das solle und was das sei. Auf meine Erklärung hin meinte er nur, das sei mein Problem, ich hätte doch einen totalen Knall, einen Raben mit ins Haus zu bringen, und schlief weiter. Irgendwie muss ich ihm ja auch Recht geben, aber ich fühlte mich in der Situation alleine und absolut ratlos.

Hier konnte ich also auch nicht wirklich auf irgendeine Art der Unterstützung hoffen. Also packte ich meinen schwarzen Freund und setzte ihn auf den teuren Perserteppich im Wohnzimmer, der auf dem Steinboden lag. Was dann geschah, war unglaublich und erschreckend zugleich. Der Rabe robbte sich mit letzter Kraft mit seinem Körper so lange nach vorne, bis er mit seinem Kopf über dem Steinboden war. Dann streckte er plötzlich sein Hinterteil in die Höhe, drückte den Kopf auf den Boden und fing ganz schwer an zu atmen. Ich war völlig fassungslos und bekam es mit der Angst zu tun. Ich wählte, wie besprochen, wieder die Nummer des Tiernotdienstes und erklärte kurz, wie der Vogel sich gerade verhielt. Am anderen Ende der Leitung sagte jemand ganz trocken: »Frau Siegel, der Rabe erstickt gerade!« Mir schossen sofort die Tränen in die Augen. Ich fragte, was ich tun könnte, irgendwie musste ich ihm doch helfen können. »Es tut mir leid, aber leider können Sie ihm nicht mehr helfen, da können Sie rein gar nichts unternehmen.« Ich weinte und streichelte den Raben über seine Federn. Plötzlich strömte Blut aus seinem Schnabel auf den Steinboden, er zuckte noch ein paar Mal und sackte in sich zusammen.

Hatte sich der arme Kerl auf den Steinboden gerettet, um den Teppich meines Mannes nicht mit Blut zu beschmutzen? Ich konnte es kaum fassen und auch gar nicht mehr denken, denn ich war fix und fertig. Ich hörte nicht mehr mit dem Weinen auf, so unerträglich war diese Situation, diese Ohnmacht – ein Geschöpf stirbt, ich bin völlig hilflos, das Grauen für mich! Ich merkte nicht einmal, dass der Tiernotdienst die ganze Zeit über noch am Apparat war. Dieser bat mich dann um meine Adresse; ich sollte den Vogel in einem Karton vor die Tür stellen, sie würden ihn abholen. Ich bedankte mich schluchzend und legte auf.

Dann rannte ich nach oben zu meinem Mann in der Hoffnung, er würde mich wenigstens jetzt in dieser Situation trösten, in den Arm nehmen, aber ... völlige Fehlanzeige! Er hatte null Verständnis, im Gegenteil, er verhielt sich obendrein noch ziemlich kalt und meinte, ich wäre selbst schuld und hätte ihn auf der Straße liegen lassen sollen. Vielleicht war er so verständnislos, weil ich ihn aus dem Schlaf gerissen hatte und wir gerade einmal wieder keine innige Beziehung hatten – oder weil manche Männer diese Emotionalität bei Frauen einfach nicht nachvollziehen können. Wir Mädels sind eben doch meist die weichen, gefühlvollen, meist zu emotionalen, nah am Wasser gebauten, oft undurchschaubaren Wesen ...

Ich ging also wieder nach unten, packte den Raben in eine Kiste, verabschiedete mich von ihm, legte 30 Euro und ein Dankeschön in einem Kuvert dazu und stellte ihn vor die Tür.

Ich setzte mich ins Wohnzimmer und fing an nachzudenken. Was sollte mir das alles sagen? Wieder bat ich meine Engel um Hilfe; ich wollte in dieser Situation nicht alleine mit mir selbst sein. Meine Engel blieben stumm, nichts war zu spüren. Dann fügten sich meine Gedanken immer mehr zu einem Bild zusammen. Der Rabe musste sterben, so schlimm es klingt! Das war für mich eine plausible Erklärung, mit der ich leben konnte.

Natürlich ärgerte ich mich zunächst über meinen Mann. Wie konnte er bloß in dieser Situation so kalt sein? Im Nachhinein wurde mir aber klar, dass nicht er es war, der so kalt war. Ich war es! Etwas in mir war gestorben, nämlich das Gefühl für ihn. Der Rabe hatte mir das auf diese drastische Art und Weise ganz klar gezeigt. Nein, falsch, ich glaube, die Engel sorgten für dieses »Erlebnis«. Denn bevor die Geschichte mit dem Raben geschah, bat ich meine Engel oft um Hilfe, mich aus diesem Gefühlschaos zu befreien. Auf ihre Art kamen sie mir auch zu Hilfe, jedoch war das für mich zunächst nicht zu erkennen. Wie ich schon sagte: Der Rabe steht in der mystischen Literatur für den Tod, und damit ist ein Schlussstrich, ein neuer Abschnitt nicht zu umgehen. Das wollte oder konnte ich bis zu diesem Zeitpunkt einfach nicht zulassen, nicht begreifen, denn natürlich hat eine Trennung immer auch etwas Schmerzhaftes. Ich als Harmoniemensch kann gerade in solchen Zeiten schlecht loslassen. Nur durch den »Tod«, also durch einen massiven Einschnitt, konnte ich meinen Mann innerlich gehen lassen! Mein Weinen um den Tod des Raben hatte indirekt mit dem Abschiednehmen von meinem Mann zu tun. Das langsame Ersticken des Vogels kam dem langsamen Dahinsiechen der Beziehung gleich, denn wir quälten uns ja schon seit einiger Zeit. Meine Engel spielten diese Situation quasi für mich noch einmal nach, sehr grausam auf der einen Seite, aber es hatte doch auch einen die Augen öffnenden und heilenden Sinn.

Du siehst, Engel können auf ihre ganz eigene Art helfen – und manchmal gar nicht so, wie du es dir vielleicht wünschst oder es dir vorstellst. Hab dennoch keine Angst, bei deinen Engeln um Hilfe zu bitten, auch wenn die Hilfe vielleicht zunächst wehtut. Am Ende wird dir geholfen, und du fühlst dich frei und gesund; ich bin immer dankbar dafür, denn nach jedem Abschluss beginnt auf wundersame Art und Weise wieder etwas Neues!

Die meisten meiner Erlebnisse bringe ich mit der Hilfe meiner Engel in Verbindung. Vielleicht fallen euch auch Kleinigkeiten ein, die ihr möglicherweise mit euren Engeln in Verbindung bringen könnt, wenn ihr wollt oder es glauben möchtet.

Es steht euch selbstverständlich auch frei, bei jedem meiner Erlebnisse zu denken: Die spinnt doch, die Alte! Aber wie schon gesagt, ich will nicht bekehren, nicht zwingen, sondern einfach nur erzählen, egal was ihr über mich denkt.

Meine Freundin Alex – mit Hilfe der Engel den Tod verarbeiten

Während ich hier so sitze und schreibe, nähern sich zwei mir bedeutende Todestage. Der 21. Juni 1999, an dem meine über alles geliebte Omi Sternchen starb, ist für mich jedes Jahr ein sehr trauriger und noch nicht verarbeiteter Tag. Zwei Jahre später, am 21. Juni 2001, wurde meine mir sehr wichtige Freundin Alexandra durch einen Geisterfahrer getötet. Sie fuhr auf der Autobahn München-Salzburg und stieß frontal mit einem Geisterfahrer zusammen, der sich scheinbar das Leben nehmen wollte. Diese beiden Todesfälle waren die ersten, die ich in meinem ganzen Leben bis dato erlebt habe – und beide am gleichen Jahrestag. Was dieser Tag seitdem für mich bedeutet, ist nicht in Worte zu fassen.

Ich glaube nicht an Zufälle, sondern für mich hat vieles ganz einfach mit Bestimmung zu tun – auch im Fall von Alexandra. Am Abend vor ihrem Tod lief im Fernsehen ein Film mit dem Titel »Treffpunkt Kronen-Bar«. In diesem Film geht es um eine Clique junger Typen, die Drogen nehmen, mit dem Leben im Grunde abgeschlossen haben und eines Tages beschließen, als Geisterfahrer in einen viel befahrenen Tunnel zu fahren. Die Polizei vermutete damals, dass es gut sein könnte, dass der Geisterfahrer, der Alex das Leben nahm, diesen Film zuvor gesehen und dann einen mörderischen Entschluss getroffen hatte.

Ich bin ein Mensch, der mit dem Tod geliebter Menschen nicht gut klarkommt. Das gilt übrigens nicht für mich selbst! Wenn ich morgen sterben würde, kein Problem. Ich selbst habe vor dem Tod keine Angst, ich kann mit dem Bild des Todes gut umgehen, allerdings wirklich nur bei mir selbst. Versteht mich nicht falsch, ich lebe gerne, sehr gerne sogar. Aber ... jeder von uns muss einmal gehen; und genau vor diesem Moment habe ich keine Furcht.

Doch was ich überhaupt nicht akzeptieren kann ist, dass ein geliebter Mensch aus meinem Umfeld »geht«! Ich weiß, dass all diese Menschen in irgendeiner Form weiterleben, aber ich kann den Tod als solches nicht verarbeiten. Ich behalte alle Menschen, die mir nahestanden, in meinem Herzen, habe das Gefühl, sie schwirren um mich herum und sind nach wie vor in meiner Nähe. Ich kann sie eben nur nicht mehr sehen, ihnen Auge in Auge gegenüberstehen. Ich kann dir das Gefühl kaum beschreiben. Es ist eben auf der einen Seite so, dass mir Menschen, die gestorben sind, nach wie vor sehr nahe sind, auf der anderen Seite kann ich sie nicht mehr »greifen«. Ich kann sie aber auch nicht »ziehen« lassen. Ich fühle mich verloren, will nicht, dass sie nicht mehr unter uns sind.

Alexandra und ich standen uns sehr nah, als sie noch lebte. Sie konnte meine Sicht und Gefühlslage in einem für mich sehr wichtigen Punkt und bei ganz schlimmen familiären Problemen als Einzige in meinem Freundeskreis verstehen und nachvollziehen. Es gab viele Momente, in denen keiner verstehen konnte, wie es tief in mir aussah, wie sehr ich verletzt war und zutiefst traurig oder sauer. Da war es Alex, die mit ihrer Güte und ihrem reinen Engelswesen alles sehr gut nachvollziehen und mir mit Ratschlägen immer helfen konnte. Sie war in dieser mehrere Jahre andauernden Zeit immer für mich da, stand stets an meiner Seite und unterstützte mich in allen Fragen. Sie war einer der wenigen Menschen, die nie ein böses Wort über andere sagten. Alex war ein lebender Engel. Oft ist es ja Phrasendrescherei, wenn Menschen sagen »Er/sie ist wie ein Engel« oder »Du bist wirklich ein Engelchen«, aber Alexandra kam in der Tat einem Engel gleich. Sie war mit einer unglaublichen Wärme und Güte gesegnet, mit Verständnis, mit unglaublich viel Liebe! Sie war schlicht ein sehr reiner

Mensch, für mich frei von Sünden. Sie gehörte zu der Art Menschen, die jeden Morgen guten Gewissens in den Spiegel schauen können, weil sie nichts Böses sehen oder gar getan haben. Von diesen Menschen gibt es sehr, sehr wenige, wie ich finde ...

Liebe war für Alexandra das zentrale Thema. Sie lebte in Liebe mit ihren Mitmenschen und stand einen Monat vor ihrer Hochzeit. Ein paar Wochen vorher fragte ich sie, wann sie endlich ihren Sechs-Tage-Arbeitsstress lockern würde, und sie erwiderte: »Bis zur Hochzeit, dann fange ich endlich an zu leben und werde die Arbeit reduzieren.« Die Hochzeit wäre gerade für sie das Höchste überhaupt gewesen, nicht aus gesellschaftlichen Gründen, sondern weil Alex ihre große Liebe gefunden hatte.

Eine Woche vor ihrem Tod rief sie mich an und wollte einfach nur quatschen. Es war aber nur ein ganz kurzes Gespräch, ich sagte ihr: »Du Alex, ich bin gerade in der Metro und kaufe noch etwas ein, ich melde mich später.« »Später« kam leider nie zustande, da wir uns aufgrund der vielen Arbeit gegenseitig nicht erreicht haben. In dem Moment weiß man ja nicht, dass dies das letzte Gespräch sein könnte ... Leider war es so, und dabei hätte es noch so viel zu sagen gegeben!

Am 21. Juni befand ich mich bei Dreharbeiten in Berlin. Ich hatte mein Handy ausgeschaltet, in der

Mittagspause jedoch angemacht, um meine Mailbox abzuhören. Eine Redakteurin von RTL hatte die unfassbaren Worte darauf gesprochen: »Hallo Giulia, wir wollten dir unser Beileid aussprechen, es ist unfassbar, dass deine Freundin so kurz vor der Hochzeit sterben musste und das auch noch so dumm durch einen Geisterfahrer. Bitte ruf uns zurück, wir würden dazu gerne ein Interview mit dir machen.«

Ich saß mit dem Handy am Ohr da und wusste erst einmal nicht, worum es ging ... Langsam begriff ich, welche Freundin in vier Wochen heiraten wollte. Ein stummer Schrei kam aus meinem Mund, und die Tränen liefen mir übers Gesicht. Ich konnte es weder fassen noch glauben – solch eine schockierende Nachricht auf meiner Mailbox, wie gefühllos und dreist, und auch noch mit der Bitte um ein Interview!

Die nächsten drei Stunden habe ich nur noch geweint und war nicht ansprechbar. Leider musste ich aber die letzten Szenen des Films noch abdrehen. Die Kraft dazu gab mir in dem Moment nur der Gedanke an Alex als Engel. Bis heute kann ich mich nicht mehr daran erinnern, wie ich das geschafft habe – es handelte sich noch dazu um eine glückliche Wiedersehensszene, in der sich die Darsteller gegenseitig in die Arme fielen. Es war der blanke Horror; alles lief wie ein grauer Film vor mir ab.

Die Beerdigung war fürchterlich. Alex' Vater hatte sie organisiert. Der Hammer war, dass die Gemeinde ihm dazu geraten hatte, das Kirchengelände absperren zu lassen aus Angst vor Schaulustigen. Der Vater reagierte allerdings ziemlich cool auf diese Unverschämtheit. Er sagte: »Nein, das Tor bleibt offen! Es gibt so viele Menschen, die Alex geliebt und verehrt haben, warum soll ich gerade denen derart aggressiv gegenübertreten und sie außen vor lassen?«

Bei Beerdigungen muss ich mich immer im Hintergrund halten. Ich kann unmöglich weit vorne in der Kirche stehen; dort würde ich durch meine enorme Trauer und meine Emotionen die ganze Zeremonie stören. Auch bei Alex' Beerdigung war das so. Es war das erste Mal, dass ich erlebte, dass selbst ein Pfarrer keine Worte fand. Er kannte Alex, er wusste um ihre Liebe und Güte, die sie in sich getragen hatte. Am Anfang der Trauerrede betonte er seine Fassungslosigkeit und Trauer. In vier Wochen sollte er Alexandra und ihren Mann trauen, und die gesamte nun anwesende Trauergemeinschaft wäre dann die Hochzeitsgesellschaft gewesen. Das machte den Tod noch unfassbarer, unsinniger und trauriger. Auch meinte er sinngemäß, dass er normalerweise immer einen Psalm, einen kurzen Text in der Bibel fände, der Trost spendet, der den Angehörigen und Freunden eine Art Erklärung gibt, um den Tod fassen zu können. Doch er habe in den letzten Tage gesucht und gesucht und nichts gefunden; das erste Mal habe er wirklich keine Worte, auch schaffe er es nicht, um Vergebung für den Geisterfahrer zu bitten. Wenn selbst ein Pfarrer sprachlos ist, kannst du dir vielleicht vorstellen, was Alexandra für ein Mensch war.

Als wir alle aus der Kirche kamen, ereignete sich eine unglaubliche Geschichte. Es war wirklich keine Presse da; die Befürchtungen der Gemeinde hatten sich scheinbar in Luft aufgelöst – doch nur scheinbar! Zu meinem Entsetzen sah ich plötzlich eine einzige Redakteurin eines Fernsehsenders mit Übertragungswagen vor der Kirche. Sie sah mich mit verweinten Augen den Kiesweg heruntergehen und hatte wirklich die Frechheit und den Mut, mich anzusprechen, nach dem Motto »Ach Giulia, wie geht es dir denn, blablabla ...«, erzählte mir von einem eigenen Unfall mit Geisterfahrer und wie schlecht es ihr doch ginge. Ich schaute sie nur verachtend an und entgegnete, wie geschmacklos sie doch sei und dass sie froh sein könne, dass sie noch lebe. Seitdem habe ich mit dieser Redakteurin nie wieder ein Wort gewechselt. Mein Blick und die passenden Worte genügten anscheinend, dass keinem weiteren Trauergast eine Frage gestellt wurde. Ob es danach einen Beitrag im Fernsehen dazu gab oder nicht, entzieht sich meiner Kenntnis.

Nach dem Gottesdienst gingen wir alle zum Grab, um Alexandra eine Rose, Erde oder etwas Persönliches mitzugeben und um uns endgültig von ihr zu verabschieden. Es war sehr schmerzhaft, die große Trauer und Fassungslosigkeit in allen Gesichtern zu sehen.

Besonders Alexandras Mutter ging es sehr schlecht; wir sahen alle, wie sie innerlich zerbrochen war. Sie hat nach langer Trauerzeit ihre ganz eigene Art gefunden, den Tod ihrer Tochter zu verarbeiten. Sie waren nicht einfach nur Mutter und Tochter, sie waren auch beste Freundinnen, sie hatten eine ganz besondere Beziehung zueinander. In Erinnerung und zur Aufarbeitung schrieb sie das Buch »Und eine Nacht vergeht wie ein Jahr«[1]. In diesem Buch verarbeitet sie auf eine unglaubliche Art und Weise den Tod ihrer einzigen Tochter. Hier sind Fotos aus Alexandras Kindertagen enthalten, Liebesbriefchen, die sie an ihre Mutter schrieb, Dinge, aus denen klar wird, dass diese Mutter-Tochter-Beziehung etwas Symbiotisches hatte. Sie wollte durch das Schreiben einfach abtauchen, zu sich und ihrer über alles geliebten Tochter. Sie wollte Alex noch einmal als den Menschen sehen und beschreiben, der sie war: lebensfroh, voller Liebe, Humor, Güte, Toleranz, voller Respekt anderen gegenüber. Sie hat Alex Beifahrerin, die bei dem Unfall überlebte, nie nach den letzten Stunden und Minuten gefragt, sie hatte nicht den Mut dazu, sagt sie, sie wollte Alexandra für sich in Erinnerung behalten, ihren Schmerz einfach niederschreiben.

Du weißt, wie ich zum Tod geliebter Menschen stehe, doch gerade bei Alex war das noch spezieller. Immer und immer wieder schickte ich meine Stoßwünsche

---

1) Petra Schürmann, Droemer Knaur 2003

zu meinen Engeln Viktor und Thaddäus. Ich bat sie, mir bei der Trauer zu helfen, etwas zu tun, was das Ganze für mich erträglicher machen könnte. Alexandra und ich waren zwar gut befreundet gewesen, doch hatten wir in unseren Freundeskreisen keine gemeinsamen Berührungspunkte, es gab also für mich keine Freunde von ihr zum gegenseitigen Austausch, um über Erinnerungen zu reden, um sich gegenseitig zu helfen.

Lange Zeit stand ich wie immer recht alleine mit meiner Trauer da. Aber dann konnte ich mich auf meine Engel doch verlassen! Sie schickten mir in der Nacht einen Traum: Alexandra wurde durch meine und viele andere Engel sanft nach »oben« getragen, sie begleiteten sie in eine andere, neue Welt. In diesem Traum zeigten meine Engel mir sehr klar, dass Alexandra nicht alleine sein würde. Sie wurde getragen und beschützt, Engel waren an ihrer Seite, und auf Alexandra warteten viele liebe Menschen, unter anderem meine Großmutter, die zwei Jahre zuvor am gleichen Tag verstorben war. Mit diesem Bild wurde mir ganz klar, dass Alexandra auf keinen Fall einfach so von der Erde verschwinden würde, somit auch nicht von mir. Mir wurde deutlich gemacht, dass ich sie eines Tages wiedersehen würde, wenn auch unter ganz anderen Voraussetzungen.

Ich war zunächst beruhigt und bedankte mich bei meinen Engeln, so wie immer. Ich spürte jedoch, dass das nicht alles gewesen sein konnte, was meine Engel mir zeigen wollten. Ich schickte immer wieder viele Stoßwünsche zu ihnen, gespickt mit Fragen, und bekam – Gott sei Dank – Hilfestellung. Ich wollte lernen, mit Verlust umzugehen, konnte mir aber selber nicht weiterhelfen. Sie schickten mir also einen zweiten Traum, in welchem Menschen wie Alexandra nach ihrem Tode selbst zu Schutzengeln werden. Das war für mich eine unglaubliche Feststellung – oder sagen wir ein schöner Gedanke, sehr emotional. Gute Menschen wie Alex kommen zurück, dessen bin ich mir heute sicher. Vielleicht ist das auch der Grund, warum ich die lieben Menschen, die gestorben sind, nach wie vor um mich herum sehe oder spüre. Sie werden auf dieser Erde geboren und haben sicher ihre Aufgabe, so wie wir alle. Sie sind aber auch dazu bestimmt, wieder zu uns zurückzukehren, um uns in irgendeiner Form zu beschützen, eben als Schutzengel. Somit haben Engel und der Tod für mich auch eine klare »Beziehung«, es gibt da ganz klar eine Verbindung. Das hat im Übrigen nichts mit Religion oder mit der Kirche zu tun, es ist meine ganz eigene Sicht der Dinge. Meine Engel haben mich hier unterstützt, indem sie mir diesen Traum schickten.

Ich bin mir sicher, dass es dir auch gelingen wird, eine andere Einstellung zum Tod geliebter Menschen zu bekommen, wenn du dich mehr mit deinen Engeln beschäftigst. Engel, so sagt man, haben eine unglaubliche Macht. So spüre ich das übrigens auch! Macht ist zwar ein eher negativ besetzter Begriff, aber störe dich nicht daran. Die Macht der Engel ist einfach nur positiv. Durch Engel ändert sich die Sicht der Dinge, doch immer im guten Sinn. Ich weiß, dass viele Menschen Angst davor haben, sich mit dem Tod auseinanderzusetzen, vielleicht sogar Angst davor haben, mit Engeln zu arbeiten, aber ich kann dir sagen, dass ich nur Gutes erfahren habe.

Alexandras Vater Gerhard hat einmal gesagt: »Unser ganzes Leben besteht aus Zufällen, und ein Zufall, den man nicht einmal mit Wahrscheinlichkeitsrechnung messen kann, hat Alexandra das Leben gekostet.« Ich möchte ihm nicht widersprechen, denn das wäre einfach nicht angebracht, eher vermessen. Ich bin mir dennoch sicher, dass es keine Zufälle gibt! Alles hat seinen Sinn, auch wenn dieser Sinn zunächst nicht sichtbar ist.

Ich werde Alex nie vergessen, und ich wünschte, sie wäre heute einer meiner Schutzengel. Aber diejenigen, auf die sie nun aufpasst, haben vielleicht den besten Schutzengel von allen.

Engel als Versorger

Oft habe ich gelesen und davon gehört, dass es beim Thema »Engel« um die großen Dinge der Welt geht; Engel werden für tief greifende Veränderungen aufs Tapet gebracht. – Du hast vielleicht in der Zwischenzeit bemerkt, dass ich das ein wenig anders sehe. Engel gehören zu meinem Alltag, und ich finde, es sind die kleinen Dinge des Lebens, die durch Engel unterstützt und verändert werden können. Gerade diese »kleinen« Dinge möchte ich dir sehr ans Herz legen, es erst einmal damit zu versuchen, denn meine Erfahrung ist, dass das Leben so viel einfacher wird, und das Tag für Tag.

Die meisten Menschen neigen dazu, ihre Ziele sehr weit zu stecken, und wundern sich dann, dass sie sie nicht erreichen können ... Ich sehe Ziele wie den Bau einer Brücke: Ich muss Stein auf Stein legen, um irgendwann einmal darübergehen zu können und am anderen Ende mein Ziel zu erreichen. Es gibt kleine

Brücken, aber auch sehr große. Entscheide du für dich, wie du deine Brücke sehen willst. Mir hat diese Vorstellung immer sehr gut weitergeholfen. Ein paar meiner Brücken sind aber auch noch nicht zu Ende gebaut ...

Etwas, das uns alle mehr oder weniger betrifft, ist das Thema »Geld«. Es werden Bücher geschrieben, Vorträge gehalten, wie jeder von uns zu mehr Reichtum und Geld kommen kann, wie man erfolgreicher wird, wie sich Geld vermehrt und so weiter. Wegen Geld werden Kriege geführt, es scheint wirklich die Welt zu regieren. Jeder von uns hat natürlich seine Verpflichtungen und muss zusehen, wie er sein Leben finanziert. Geld macht auch Angst, denn hat man keines, wird jeder Tag zu einem Kampf. Man ist nicht mehr frei in dem, was man tut und denkt. Jeden Tag hört man in den Medien, dass das Leben teurer wird, dass der Ölpreis steigt ... Wir alle sind davon betroffen.

Merkwürdig, dass sich wenige Menschen wirklich fragen, wie das sein kann, ob nicht doch einfach nur die Macht nach mehr Geld dafür sorgt, dass wir immer weniger zur Verfügung haben.

Wenn Engel mit Geld und Finanzen in Verbindung gebracht werden, bekomme ich immer ein eher ungutes, sogar zorniges Gefühl. Es gibt Menschen, die Engel für ihre Zwecke schlicht missbrauchen nach dem Motto »Lies mein Buch über Engelhilfe, buche meinen Vortrag und du erlangst grenzenlosen Reichtum«. Völliger

Schwachsinn! In meinen Augen sind Engel einfach Helfer für die kleinen und großen Dinge im Alltag. Sie werden dir, wenn es um Finanzielles geht, sicher unter die Arme greifen. Sie lassen sich jedoch nicht vor den Goldkarren spannen, der es dir ermöglicht, ein Schloss zu kaufen und wie Dagobert Duck im Geld zu schwimmen!

Sicher ist für mich jedoch auch, dass dich die Engel in Sorgensituationen natürlich nie im Stich lassen. Wichtig ist dabei, dass man ehrlich und offen mit seinen Engeln kommuniziert. Ihnen etwas zu verheimlichen, nur die halbe Wahrheit auf den Tisch zu legen, das macht wenig Sinn. Sie wissen sowieso alles und erwarten eine gewisse Ehrlichkeit uns selbst gegenüber.

Du merkst sicher schon, dass eine der Grundvoraussetzungen bei der Arbeit mit Engeln ist: Sei offen, und teile alles mit ihnen. Es kann und wird dir dabei nichts passieren, denn die Engel gehören ja nur zu dir, und sie werden dich niemals verraten. Sie vertrauen dir, und du solltest auch umgekehrt nicht nur an sie glauben, sondern ihnen ebenfalls schlicht vertrauen.

Ich ging damals schon sehr früh von zu Hause fort und zog zu meinem ersten Freund und seinen Eltern. Das war natürlich einfach, da ich dort ein zweites Zuhause vorfand. Lebensmittel waren vorhanden, die Wäsche wurde gewaschen und ich wurde von den Eltern meines Freundes wie eine Tochter aufgenommen.

Wie schwer das Leben wirklich ist, überraschte mich dann später. Ich bekam es erst zu spüren, als ich mich entschied, den Versuch zu wagen, für meinen Lebensunterhalt alleine aufzukommen und eine eigene Wohnung zu mieten. Ich habe im ersten Moment nicht wirklich darüber nachgedacht, wie ich eine eigene Wohnung oder mein Leben überhaupt auch nur ansatzweise finanzieren sollte mit Miete, Strom, Wasser und Lebensmitteln. Ich hatte am Anfang auch überhaupt keine Ahnung, wie ich was regeln sollte. Wo muss ich was anmelden oder beantragen, Strom, Wasser, Telefon – das sind schließlich alles verschiedene Unternehmen mit getrennter Rechnung. Und ich musste erst einmal lernen, dass der Begriff »Warmmiete« nicht heißt, dass alles inbegriffen ist. Mein Gott, war ich naiv, und vielleicht war ich durch den Glauben an meine Engelchen auch zu euphorisch. Doch bald fühlte ich mich gut, fühlte mich frei und war fest davon überzeugt, ich kann das!

Sehr schnell hatte mich aber der Alltag eingeholt. Mein Einkommen deckte meine Ausgaben in keinster Weise ab. Es war weder die Miete gesichert, und an eine Telefonleitung oder Heißwasser war nicht einmal zu denken. Mit Brausepulver und Leitungswasser mischte ich mir süße Getränke, weil mir reines Wasser noch nie geschmeckt hat, aber Cola und Fruchtsäfte zu teuer waren. Da war mir das Kleingeld für Zigaretten ein bisschen wichtiger ... In dem Fall erfülle ich sicher keine Vorbildfunktion, aber Ehrlichkeit zählt für mich mehr.

Meine Modeljobs liefen sehr schleppend an, und die damaligen Tagesgagen von teilweise nur 150 D-Mark waren keine Glücklichmacher. Ich bat Viktor sehr oft um Hilfe, fühlte mich teilweise absolut verloren in der realen Welt, und es kam der Tag, an dem ich nicht einmal mehr Geld genug hatte, um mir Essen zu kaufen. Und an diesem Punkt spürte ich ganz deutlich: »Giulia, hier geht es gerade um deine Existenz.« Natürlich hätte ich meinen Vater um Hilfe bitten können, und ich glaube, er hätte sich auch sehr darüber gefreut, aber mein Stolz und Dickkopf waren einfach zu groß. Ich wollte und musste es selbst schaffen! Ich hatte meine Entscheidung getroffen, und nun musste ich dafür auch die Konsequenzen tragen, klarer Fall.

In dieser Extremsituation wartete ich auch noch auf Geld von einem Modeljob, doch auf meinem Konto war kein Geldeingang zu verzeichnen. Ich lief leicht planlos durch die Stadt, immer meine Situation vor Augen, und kommunizierte mit Viktor. Ich bat ihn, mir in diesem Moment zu helfen. Ich brauchte ja nicht wirklich viel Geld, eben nur so viel, um mir ein paar Lebensmittel zu besorgen. Die Straßen wurden immer länger, meine Bitten immer lauter, und ... meine Bitten wurden erhört! Mitten auf dem Gehweg lagen ein 20 DM-Schein und etwas Kleingeld! Ich konnte es nicht fassen, das Geld lag da einfach vor mir. Viktor hatte mich nicht im Stich gelassen!

Ich weiß, dass sich das Ganze für euch ein bisschen verrückt und dubios anhört. Egal, was ihr davon haltet, der Glaube in solchen Momenten, an was auch immer, kann wirklich weiterhelfen. Meine intensiven Gedanken und meine langen Bitten wurden tatsächlich erhört.

Ich kam noch das eine oder andere Mal in ähnliche Situationen, und jedes Mal wurde mir geholfen. Ich muss gerade ein wenig schmunzeln, denn scheinbar ist an dem Spruch »Das Geld liegt auf der Straße« doch etwas dran. Und nochmals: Es geht hier nicht darum, Millionen zu finden oder unglaublichen Reichtum zu erlangen. Dieser Reichtum ist alleine durch die Anwesenheit der Engel zu sehen! Wenn du erfolgreich mit deinen Engeln arbeiten kannst, wirst du durch diese Tatsache reich sein, in dir selbst, in deiner Seele. Natürlich hat mir Viktor ein wenig Geld geschickt, aber eben nur so viel, um zu überleben. Ich habe in dieser Zeit auch niemals um unendlich viel Geld gebeten, denn alleine das hätte ich vermessen gefunden. Eine gewisse Vorsicht und Verantwortung ist in meinen Augen schon wichtig, wenn man mit Engeln arbeitet. Die Spielregeln muss jeder für sich selbst definieren, ich habe meine gefunden. So ist es für mich völlig ausgeschlossen, Engel respektlos zu behandeln. Und zu

Respekt gehört auch, nicht maßlos zu sein. Warum auch immer, ich habe stets darauf geachtet, meine Engel nicht zu verärgern. Wenn Dritte über meine Engel lästern, sich darüber lustig machen, fordere ich sie übrigens auf, sich bei meinen Engeln zu entschuldigen!

Solltest du also einmal in eine finanzielle Notsituation gelangen, in der es wirklich darum geht, dass du kurzfristige Hilfe brauchst, so versuche es doch einfach. »Engel hilf mir, diese Phase zu überstehen, lass mich jetzt nicht im Stich, sorge ein bisschen für mich, damit ich den morgigen Tag überstehe, sende mir ein Zeichen, hilf mir da raus«, so oder so ähnlich kann schon eine kleine Stoßbitte aussehen. Glaube fest daran, fang an, mit deinen Engeln zu kommunizieren. In den kleinen Dingen liegt eine unglaubliche Kraft und Energie. Ich wünsche dir von Herzen, dass du Freude daran hast zu sehen, wie dir auf wundersame Art und Weise geholfen wird.

Aber auch hier noch einmal der Hinweis: Versuche auch bei Geldsorgen nicht immer zu hinterfragen, warum du in dieser Situation festsitzt, das bringt dich nur bedingt weiter. Versuche lieber gleich eine Lösung zu finden, das ist positive Energie und macht dich wesentlich glücklicher. Natürlich ist das eine Frage der Einstellung, aber auch eine Frage des Glaubens und der intensiven Arbeit mit unseren wunderbaren Engeln. Also ... Krempel die Ärmel hoch, und los geht's!

An dieser Stelle möchte ich noch einem Menschen danken, der mir in dieser Wohnungssituation sehr geholfen hat und der wissen soll, dass ich ihm diese Hilfe nie vergessen werde und dass ich mich irgendwann einmal, wenn es mir möglich ist, revanchieren werde. Ich hoffe und wünsche mir, dass du weißt, dass ich dich meine!

Viktor und mein Aupair-Mädchen aus Frankreich

Viktor, der arme Kerl, hat es sicher nicht leicht mit mir. Ich stolpere über jeden Stein, nenne »ins Fettnäpfchen treten« meine eigene Erfindung und erlebe Situationen, die in keine noch so unglaubwürdige amerikanische Seifenoper passen würden. Aber im Laufe der Jahre ist das für mich zum Alltag geworden und für meine Engelchen ja nichts Neues mehr. Je mehr ich aber schreibe und über meine Erlebnisse nachdenke, desto verrückter und unwirklicher kommt mir einiges selbst vor. Ich kann es aber nicht ändern, denn erlebt ist erlebt, und vieles davon hat mich sicherlich erst zu dem Menschen gemacht, der ich heute bin (und der sich sicherlich noch weiterentwickeln wird und dazulernen möchte).

Es ist mir völlig klar: Wenn du dieses Buch liest und dich vorher noch nie richtig mit Engeln auseinandergesetzt hast, wird dir die eine oder andere Geschichte ziemlich verrückt, erfunden oder krass vorkommen. Das hat aber nicht nur mit meinen Engelbegegnungen zu tun, sondern irgendwie auch mit meinem Leben. Für Außenstehende mag es ziemlich chaotisch sein, aber ganz ehrlich: Ich mag mein Leben, es ist immer etwas los, es ist immer spannend, auch wenn mich viele Freunde fragen: »Giulia, wie machst du das alles? Wie kriegst du das alles unter einen Hut?« Ich habe mich mittlerweile einfach daran gewöhnt, dass mir Dinge passieren, die anderen nicht passieren. Ich gerate oft in Extremsituationen, deshalb ist es ja gerade für jemanden wie mich verdammt wichtig, Schutzengel zu haben!

Die folgende Geschichte ist gerade einmal ein Jahr her. Und sie ist mit eine der heftigsten Begegnungen, die ich mit meinen Engeln hatte. Sie wird mir ein Leben lang in Erinnerung bleiben, denn hier ging es wirklich um Leben und Tod.

Ich bin mit 33 Jahren allein erziehende Mutter von drei Kindern. Ich arbeite seit drei Jahren hauptberuflich als DJ, liebe es, ab und zu eine kleine Sendung oder Gala zu moderieren und baue gerade eine DJ-Booking-Agentur auf. Auch das Musikproduzieren lerne ich gerade in kleinen Schritten. Mein ältester Sohn, mit dreizehn Jahren nun mitten in einer sehr anstrengenden Pubertätsphase – das kennen wir alle von uns selbst –, und meine Zwillinge, sechs Jahre alt, die süßesten, wohlerzogensten Kinder (das behauptet natürlich jede Mutter von ihren eigenen Kindern, ich weiß ...), brauchen von mir natürlich alle Liebe und Aufmerksamkeit, die ich ihnen geben kann.

Ohne ein Aupair-Mädchen, das mich bei Einkäufen oder Kindergartenabholungen unterstützt, wäre es mir nicht möglich, meiner Arbeit nachzugehen. Kochen und die Kinder zu Bett bringen erledige ich immer selbst; sie haben noch nie eine Nacht ohne Mama oder Papa verbracht. Da achten wir trotz der Trennung ganz penibel drauf und schaffen das auch seit Jahren gemeinsam.

Wie aber jede andere Familie auch, muss ich auf die Kosten achten, weshalb ich mir kein ausgebildetes Kindermädchen leisten kann, sondern immer auf Aupair-Mädchen zurückgreifen muss. Wie jedes Jahr stand einmal wieder ein Aupair-Wechsel vor der Tür, und ich entschied mich für ein Mädchen aus Frankreich. Es schrieb in seiner Bewerbung, dass es erst studiert habe, dann aber für ein Jahr freiwillig zum französischen Militär gegangen war, weil es Lust auf Sport und Disziplin hatte. Das hörte sich für mich sehr überzeugend an, weil ich mit viel Liebe, aber auch Regeln sowie spielerischer Disziplin versuche, meine Kinder gut zu erziehen.

Jeder, der schon einmal ein Aupair-Mädchen hatte, weiß, dass es wie ein Sechser im Lotto ist, an ein gutes zu kommen. Man muss ihm vertrauen können, und die Kids müssen mit ihm klarkommen; es muss ein Mensch sein, dem man für einige Stunden sein eigenes Fleisch und Blut anvertrauen kann und auf den man sich zu 100 Prozent verlassen kann! Diesen Anspruch habe ich an mich selbst und gerade von Marie, 24 Jahre alt (ihr Name wurde von mir bewusst geändert), meinem neuen Aupair-Mädchen aus Frankreich, erwartete ich dies eben auch.

In den ersten drei Wochen ihres Aufenthaltes war ich gerade in Köln beschäftigt; es ging um die Produktion einer neuen Sendung. Meine Kinder waren mit ihren Vätern in Urlaub, und ich hoffte, dass Marie sich in diesen ersten drei Wochen in München schon einmal gut einleben, das U-Bahn-Netz, Sehenswürdigkeiten sowie Sprachschulen ausfindig machen würde.

Doch als sie bei mir in München ankam, musste sie sich erst einmal direkt übergeben; ihr wäre schlecht von der Reise, und übermüdet wäre sie auch – kann ja passieren. Am nächsten Morgen sowie an den darauffolgenden Tagen übergab sie sich leider immer wieder. Dass es an ihrem Magen und dem deutschen Essen lag, nahm ich ihr nach diesen Tagen nicht mehr ab und kaufte einen Schwangerschaftstest. Wie sollte es auch anders sein – sie war schwanger – und zwar von einem One-Night-Stand, wie sie mir erzählte, und sie wollte das Kind auf keinen Fall behalten. Zwei Tage lang weinte sie nur und bettelte mich um Hilfe an. Ich fuhr mit ihr zu meinem Frauenarzt, der die Schwangerschaft bestätigte, dann zu einer kirchlichen Beratungsstelle, wo sie eine Bescheinigung sowie die Erlaubnis für einen Abbruch bekam, und drei Tage später waren wir in einer ambulanten Klinik. Es war der reinste Horror für mich, doch ich konnte das arme Mädchen nicht einfach im Stich lassen und zu seinen Eltern zurückschicken. Laut ihrer Aussage hatte Marie seit Jahren keinen Kontakt mehr zu ihnen und sei deswegen zum Militär gegangen. Mein Vertrauen war in dem Moment natürlich komplett hinüber, aber ich entschloss mich, ihr zu helfen. Natürlich kam sie völlig mittellos zu mir, also streckte ich ihr das Geld für die Bezahlung der Arztrechnung vor.

Am Tag nach der Operation musste ich wieder nach Köln und dachte mir: »Jetzt gibst du dem armen Mädchen ein paar Tage, um wieder zu sich selbst zu finden.« Ich gab ihr zur Sicherheit, wenn irgendetwas sein sollte, ein altes Handy von mir. Die eine Woche andauernden Dreharbeiten in Köln verliefen sehr stressig. Marie in München ging es einigermaßen gut.

Am Samstag flog ich dann gestresst für zwei Tage zurück nach Hause. Der Flieger hatte natürlich Verspätung, und ich war erst gegen 23 Uhr zu Hause. Marie war ausgegangen. Meine engste Freundin kam zu Besuch, und wir beschlossen spontan, zum Tanzen in einen Club zu gehen. Kurz nachdem wir das Taxi bestellt hatten und gerade aus dem Haus gehen wollten, klingelte mein Handy. Der Besitzer einer Bar in unmittelbarer Nähe rief mich an und fragte, ob mein Aupair-Mädchen Tabletten bräuchte. Sie würde vor dem Lokal mit Krampfanfällen auf dem Boden liegen. Wir rannten sofort zu der Bar, und tatsächlich lag Marie auf dem Boden und hatte einen epileptischen Anfall. Ich kniete mich zu ihrem Kopf und nahm ihn fest in den Schoß. Der Krankenwagen war schon auf dem Weg. Sie fing nun an zu hyperventilieren und bekam einen erneuten Anfall. Die Sanitäter brachten sie in das nächste Krankenhaus. Ich bin erst einmal nach Hause gerannt, um mein Auto zu holen und in ihren persönlichen Sachen nach der Telefonnummer der Eltern zu suchen. Was für ein Glück ... ich fand sie. Schon auf dem Weg ins Krankenhaus erreichte ich ihre Eltern. Glücklicherweise ist mein Französisch sehr gut, somit verstand ich leider aber auch jedes einzelne Wort und die Reaktion. Kurzfassung: »Unsere Tochter? Krankenhaus? Epileptischer Anfall? Immer nur Stress mit der! Wir schlafen schon! Interessiert uns nicht, in welcher Stadt und welchem Land sie ist, ist nicht unser Problem!« Dann legten sie auf.

Zumindest hatte sie mich in diesem Fall nicht belogen, was aber nicht wirklich ein Trost und wahrscheinlich noch schlimmer für sie war. Ich entschied mich, den Anruf zu verheimlichen. Im Krankenhaus angelangt erklärten mir die Ärzte, dass Marie Epileptikerin sei und nun für einige Tage zur Beobachtung bleiben müsse. Was für ein Dilemma! Ich musste doch am Montag wieder nach Köln zu den Dreharbeiten. Aber es half alles nichts, ich ließ ihr den Hausschlüssel, das Handy und 100 Euro für Taxi, Essen und andere Eventualitäten im Krankenhaus zurück und flog fix und fertig wieder nach Köln. Am Montagabend buchte ich ihr online ein Ticket für den Rückflug nach Frankreich und teilte ihr am Samstagmittag, zurück in München, mit, dass ich ihr meine Kinder nicht anvertrauen möchte und sie bitte Verständnis haben soll, dass ich ihr für Montag einen Rückflug gebucht habe. Sie war traurig, hat es aber verstanden.

Ein enger Freund von mir war gerade zu Besuch. Ich wollte nur noch auf meine Couch und die Beine hochlegen, wenn es auch erst 13 Uhr war, vorher aber noch schnell rüber zur Videothek einen schönen Film ausleihen und ein bisschen mit dem Freund quatschen. Bevor ich in den Aufzug stieg, öffnete ich nebenbei eine Rechnung meines Handyvertragspartners. Ich dachte, ich werde verrückt – 2970 Euro für Gespräche und Textmitteilungen nach Frankreich. Ich atmete tief durch, blieb ganz ruhig, ging lässig in ihr Zimmer, zeigte ihr die Rechnung und sagte, sie solle sich überlegen, wie wir dieses Problem lösen. In meinem Kopf schwirrte nur noch der Gedanke, wie ich das bezahlen sollte. Mir war ja klar, dass ich das Geld niemals von ihr zurückbekommen würde.

Ich schickte ein Riesenstoßgebet mit verzweifeltem Hilferuf zu Viktor und Thaddäus, konnte meine Gedanken, genauen Wünsche, Bitten und Lösungen gar nicht richtig formulieren, so entsetzt war ich – aber erst einmal die Ruhe bewahren, schnell raus aus der Wohnung und hinüber in die Videothek. Mein Freund meinte, wir sollten doch noch schnell einen Kaffee trinken gehen, damit ich meinen Kopf und die Gedanken klären, strukturieren und lösungsorientiert handeln sowie das Geschehene begreifen könnte.

Da überkam mich ein seltenes ängstliches und um Hilfe rufendes Gefühl. Es ist mir nicht möglich, es exakt zu umschreiben und zu erklären – irgendwie habe ich Angst bekommen und sprach in Gedanken zu meinen Engeln. Einerseits fühlte ich zu viel, andererseits aber auch wieder gar nichts. Ich bemerkte nur meinen fast joggenden Schritt zurück in meine Wohnung. Ich klopfte an ihre Tür – keine Antwort. Ich öffnete und sah sie hinter dem Bett versteckt auf dem Boden sitzen. Sie weinte, und es roch nach Alkohol. Meine Frage, ob sie etwas getrunken habe, beantwortete sie mit einem Nicken, und schon sah ich neben ihr auf dem Boden eine leere Wodkaflasche in einer Blutlache stehen. Ich stürzte hinter das Bett auf sie zu und sah, dass sie sich die Pulsadern aufgeschnitten hatte. Panisch suchte ich nach einem Tuch, wickelte es stramm um ihre Handgelenke und schrie nach meinem Freund, diese fest zuzudrücken. Auf dem Bett lag eine halbe Rasierklinge. Es war ja klar, dass sie die andere Hälfte geschluckt hatte; das lernt man so beim Militär, um auf Nummer sicher zu gehen, falls man sich einmal das Leben nehmen will. Wie in Trance rief ich den Notarzt, und nach ungefähr 15 Minuten waren drei Notarztwagen und acht Polizisten im Haus – warum so ein Riesenaufmarsch und Panik, das konnte ich nicht verstehen. Erst später fiel mir wieder ein, dass ich am Telefon gesagt hatte: »Hallo, hier ist Giulia Siegel, bitte schnell kommen, es geht um einen Selbstmordversuch in meiner Wohnung.«

Auf die Bitte des Notarztes hin durchwühlte ich alle Abfalleimer in der Wohnung, um nach leeren Tablettenhüllen zu suchen, die sie hätte zusätzlich geschluckt haben können – und wurde fündig. Wie gut, dass sie kein Deutsch lesen konnte. Sie hatte zwölf Grippostat, zehn amerikanische Aspirin, mindestens 20 Magnesium Verla-Tabletten, ein Glasdöschen Perenterol (Darmfloratabletten), zwölf Voltaren Resinat sowie acht Antibiotika-Tabletten geschluckt.

Ich hatte ein kleines Schmunzeln auf den Lippen, denn mir war sofort klar, dass meine Engel hier anwesend gewesen waren, damit sie die gefährlichen Tabletten, die im Apothekerschränkchen direkt daneben lagen, nicht nahm. Ich reichte dem Notarzt meinen gesamten Fund an leeren Schachteln, Döschen und Blistern; er lachte und sagte: »Magen auspumpen müssen wir wegen der Rasierklinge, aber vor einer Blutvergiftung müssen wir keine Angst haben bei acht

Antibiotika-Tabletten, und für die Kopfschmerzen vom Wodka hat sie mit dem Aspirin schon vorgesorgt.«

Dieses Erlebnis klingt so unglaublich und heftig, da muss ich meinen Engeln einfach einmal wieder Danke sagen. Wieder waren sie es, die mir das Zeichen der Vorsicht schickten, und ich verstand zwar erst spät, aber immerhin noch rechtzeitig, was sie mir hatten sagen wollen.

Der Notarzt brachte Marie diesmal direkt nach Haar, in die Münchner Psychiatrie. Ich rief das französische Generalkonsulat an, berichtete über alle Geschehnisse und bat darum, sich um Marie zu kümmern. Dann packte ich alle ihre Sachen, rief ein Taxi und schickte dieses mit all ihrem Hab und Gut zu ihr in die Psychiatrie. Dem Taxifahrer gab ich noch ein Extra-Kuvert mit 50 Euro mit für Maries Fahrt zum Konsulat und Essen, das er dann bei der Krankenschwester abgegeben hat. In ihrem Zimmer fand ich noch Briefe, die sie an ihre Eltern geschrieben, aber nie abgeschickt hatte – sie habe endlich eine neue Familie gefunden, sei von ihren Depressionen geheilt und der innere Teufel sei besiegt. In dem Moment tat sie mir sehr leid, und ich war den Tränen nahe.

Ein paar Stunden später bemerkte ich erst, dass auch noch die 400 Euro aus meinem Portemonnaie fehlten. Glaubt mir, da bekam ich einen Lachkrampf und konnte mich erst nach vielen Minuten wieder beruhigen. Da war aber noch das Problem mit der 2970 Euro-

Handyrechnung. Ich hatte auf meinem Konto gerade einmal ein »Haben«, mit dem ich eine Miete, den Kindergarten, das Autoleasing und 250 Euro für Lebensmittel zahlen konnte. Ich wusste nicht, wie ich diese Schulden bei dem Telekommunikationsunternehmen bezahlen sollte. Ich rief dort also meine Kundenbetreuerin an und erzählte ihr die ganze Geschichte. Ich dachte erst, sie würde mich für verrückt erklären und mir kein Wort glauben, aber im Gegenteil, sie meinte, sie würde sich für mich einsetzen und sich in ein paar Tagen wieder melden. Ich war ehrlich verzweifelt und schickte wieder eine Bitte an meine Engelchen. Nach zwei Tagen kam der Rückruf, und ich konnte es fast nicht glauben: Das Unternehmen war bereit, mir rund 50 Prozent der Telefonkosten zu schenken, und ich musste nur noch 1500 Euro begleichen. Das war zwar auch noch ein großer Batzen, aber mit dem konnte ich leben. Ich freute mich unglaublich über die Großzügigkeit dieser Firma und den unglaublichen Einsatz der Mitarbeiterin für mich.

Es tat mir auch gut, das erste Mal mit jemand anderem über das Geschehene gesprochen zu haben. Es hatte mich doch sehr belastet, und ich war damals extrem bemüht, dass dies alles nicht an die Presse gelangte, weswegen ich mir diesen Kummer nicht einmal mit Freunden von der Seele reden konnte. Bei diesem Erlebnis waren wieder einmal menschliche Engel und auch meine Schutzengel in perfekter Zusammenarbeit mit Leib und Seele für mich da.
(Auszug der Briefe von Marie, siehe Anhang 2, Seite 168-169)

Wenn Engel wohnen helfen

Ich bin in meinem Leben schon sehr oft umgezogen und kenne die meisten Stadtteile Münchens daher auswendig. Ich wäre auch eine super Taxifahrerin, würde ich nicht immer zu schnell fahren ... Der Geruch von Umzugskartons lässt in mir Gefühle von Neuanfang und auch Vergangenheitsbewältigung aufblühen. Mein Leben hat diese vielen Veränderungen einfach so mit sich gebracht. Ich sehe das aber als ein wunderbares Geschenk an und genieße die Vielfalt, die mir dadurch geboten wird.

Gerade für Außenstehende, die vielleicht immer mehr oder weniger an einem Fleck gewohnt haben, mag das nicht ganz leicht nachvollziehbar sein. Auf der einen Seite führe ich also ein Leben, das absolut durchorganisiert ist, fast schon wie ein Remake von »Und täglich grüßt das Murmeltier« wirkt und unter der Woche eigentlich eher spießig ist, aber auf der anderen Seite zieht es mich alle drei bis vier Jahre in neue Wohnungen sowie neue Stadtteile und fast jedes Wochenende in zwei verschiedene Städte und manchmal auch Länder. Unter der Woche sorge ich mit all meiner Kraft für meine Kinder, genieße es, die Mama und Köchin zu spielen, und am Wochenende lebe ich das genaue Gegenteil. Ich ziehe mich figurbetont an, schminke mir Smokey-Eyes, rauche, trinke Champagner oder Wodka Ananas und spiele Musik am Pult bis in die frühen Morgenstunden für Massen von feierwütigen, betrunkenen, manchmal viel zu jungen Menschen. Aber das ist mein Beruf. Was gibt es Schöneres und Befriedigenderes, als sein Hobby zum Beruf machen zu dürfen und zu sehen, dass man anderen mit Musik berauschende Stunden schenken kann? Ich glaube, dass ich als allein erziehende Mami nur so ausgeglichen und glücklich mit dem Beruf Hausfrau sein kann, weil ich am Wochenende meinen Ausgleich habe. Natürlich arbeite ich auch unter der Woche in meiner DJ-Agentur, aber das nur, bis meine Kinder aus Schule und Kindergarten nach Hause kommen.

Auch der für mich sensible Bereich, die Arbeit mit meinen Engeln, trägt seit Jahren mit Sicherheit viel zu meiner Ausgeglichenheit bei. Die Arbeit mit Viktor und Thaddäus ist unter anderem auch mein Ruhepol, ich komme zu mir selbst, halte inne, beleuchte das, was mich beschäftigt, denke nach, ohne zu hinterfragen, bitte um Lösungen, bitte um Hilfe, und das ja erst einmal nur für mich selbst. Ich finde es egal, wie man seine Mitte wiederfindet, Hauptsache man erkennt, dass dies für jeden Menschen unglaublich wichtig ist, wenn man nicht irgendwann krank werden will, ob physisch oder psychisch. Ich bin jemand, der nicht unbedingt einen Psychotherapeuten braucht; in den Promi-Kreisen ist das sicher sehr in. Ich bin aber mit meinen Engeln glücklich, und sie sorgen immer wieder dafür, dass ich zu mir selbst finde und auf dem Boden bleibe.

Für mich war es stets schon nicht ganz einfach, eine Wohnung oder ein Haus zu finden. Das hat sicher auch mit der Situation und den Ansichten vieler Menschen in Deutschland zu tun. Hast du kein geregeltes Einkommen, keine Festanstellung, bist du kein Lottogewinner oder Beamter, dann kriegst du nicht direkt eine Wohnung. Das ist mein Problem, seit ich beschlossen habe, von zu Hause auszuziehen. Was soll ich dem konservativen, ausgebufften Vermieter erzählen? Ab und zu model ich, ab und zu lege ich Musik auf, ab und zu arbeite ich als Moderatorin, und ab und zu bekomme ich mal eine Rolle als Schauspielerin ... Spätestens wenn der Vermieter fragt, wie viel man denn so im Monat verdient und ob das Geld auch immer pünktlich kommt, dann wird es irgendwie ganz schlimm. Was soll man ihm sagen? »Mal verdiene ich mehr, mal weniger, manchmal muss ich wochenlang auf meine Bezahlung warten, manchmal lebe ich von meinen Reserven, bis der nächste Job wieder ansteht, und bis das Geld dann auf meinem Konto ist, dauert es ja schließlich auch wieder ein paar

Tage bis Wochen.« Na super! Im Normalfall erntet man spätestens dann von jedem ordentlichen Vermieter doch recht merkwürdige Blicke – wenn man überhaupt bis dahin kommt. Schließlich gibt es ja auch jede Menge Makler, die vorgeschaltet sind und einen schon einmal vorab abklopfen und aussieben. Schlussendlich verlangen sie dann noch zweieinhalb Monatsmieten Provision und sehen zu, dass sie die auch möglichst schnell bekommen, dazu noch eine Mietkaution von mindestens drei Monatsmieten. So ist, bevor man überhaupt wo eingezogen ist, schon fast das Geld für ein halbes Jahr Miete futsch.

Im Laufe der Zeit kamen dann auch noch meine Kinder dazu. Alleinstehende Frau, drei Kinder, das ist in Deutschland sowieso schon ein riesiges Problem. Teilweise gilt man dann schon als asozial, nur weil man sich erlaubt, Kinder in die Welt zu setzen, und dann noch gleich drei! Es ist für mich wirklich nicht zu verstehen, dass wir hier teilweise noch in der Steinzeit leben. Da können Politiker große Reden schwingen und Familien angeblich fördern, die Realität sieht in der Tat ganz anders aus. Ich würde mir wirklich wünschen, dass sich die Damen und Herren ab und zu einmal an die Basis begeben und sich umsehen, wie es im Alltag aussieht. Es ist für mich schwer zu ertragen, dass man sich teilweise sogar wirklich merkwürdigen Fragen aussetzen muss wie »Wo ist der Vater der Kinder? Ach, die Kinder sind von verschiedenen Männern? Wie? Sie können sich vorstellen, noch mehr Kinder zu bekommen?« Dass überhaupt solche Fragen gestellt werden, wenn man schlicht ein Dach über dem Kopf braucht, ist schon unglaublich, ganz zu schweigen von der Mimik, die einem dabei ab und zu geboten wird ...

Spätestens wenn du Kinder hast und umziehst, wirst du diese Erfahrungen sicher auch machen, wobei ich ja immer hoffe, dass sich vielleicht doch noch etwas ändert. Kinderreichtum kann auch durch glückliche Partnerschaften entstehen und sollte nicht pauschalisiert werden nach dem Motto »Hartz 4, kein Geld für Kondome und die Antibabypille, weil es in Bier umgesetzt wurde«.

Ich denke mir gerade: Wenn ich zukünftigen Vermietern dann auch noch erzählt hätte, dass mich meine Engel zu ihm geführt haben, dass ich um genau diese Wohnung gebeten hatte, dass ich überhaupt schon so lange mit Engeln arbeite, ich glaube spätestens dann hätten mich die meisten am liebsten schon beim ersten Besichtigungstermin mit einem freundlichen Fußtritt vor die Tür gesetzt.

Es ist aber für mich völlig logisch, dass ich, auch wenn es um die Wohnungssuche geht, immer bei meinen Engeln um Hilfe bitte. Ich muss sagen, dass ich natürlich nie wirklich viel Zeit zum Suchen hatte. Meistens verlief die Wohnungssuche unter enormem Druck, da mein Leben doch zeitlich immer sehr eng bemessen und stressig war. Mal suchte ich eine neue Bleibe, weil ich mich von meinem damaligen Freund getrennt hatte, mal weil der Vermieter auf Eigenbedarf kündigte, der neu gelegte Parkettboden giftige Dämpfe ausstieß, die Miete mir zu teuer wurde oder ich mit meinem ersten Sohn schwanger war, dann mit Zwillingen schwanger war und die alten Wohnungen zu klein wurden.

Außerdem wird die Wohnungssuche von Mal zu Mal nerviger. Freiwillig würde ich nie einen Makler anrufen oder gar beauftragen; das Geld will doch jeder sparen. Wofür gibt es diese Zeitungen mit Kleinanzeigen, und wie schön ist es, in Google nach einschlägigen Immobilien-Internetseiten zu suchen. Aber auch die sind zu 90 Prozent von Maklern überschwemmt. Ich weiß von Anfang an immer recht genau, was ich brauche, wie die Wohnung oder das Haus aussehen soll, in welcher Gegend ich leben möchte, und vor allen Dingen habe ich immer ganz klar mein Budget vor Augen.

Wie schon oft in diesem Buch, so klingt es auch jetzt unglaublich, aber von Anfang an, bis auf eine einzige Ausnahme, habe ich mir bei meinen Unterkunftssuchen immer nur eine Wohnung oder ein Haus angesehen. Jedes Mal stand ich auf Anhieb in meiner Traumvorstellung, und jedes Mal schickte ich Stoßwünsche zu meinen Engeln. Diese Wünsche waren ja nach meiner momentanen Situation immer unterschiedlich: Bitte lasst den Vermieter nicht nach Haustieren fragen, nicht nach Beruf, Bonität, festen Lebensgefährten, Farbvorstellungen für die Wände, Ikea- oder Designermöbeln. »Sind Sie die aus den Medien? DJ? Ist das ein Beruf?« – Wie gesagt, meine Lebenssituationen waren immer wieder neu, aber die prekären Fragen wurden nie gestellt. Es hat bisher jedes Mal geklappt. Mag es Glück oder Glauben an meine Engel sein – es funktioniert!

Die erwähnte Ausnahme, bei der es einmal nicht klappte, war eine zeitlich besonders enge und emotionale Situation. Ich war mit meinem damaligen Mann auf der Suche nach einem neuen Haus. Aufgrund der Zwillingsschwangerschaft mussten wir aus der zu kleinen Wohnung ausziehen. Da er zu dieser Zeit unglaublich viel im Büro zu tun hatte, war ich diejenige, die sich um die Haussuche kümmern musste. Eine Suche war jedoch nicht wirklich möglich und beschränkte sich auf Telefonate mit Maklern und Vermietern, da ich ab der 19. Woche mit Frühwehen im Krankenhaus am Tropf liegen musste. Mein Bauch war nicht nur einfach dick, sondern immens groß, mein Gewicht lag schon jetzt bei knapp 80 Kilo. Ich schaute mir viele Exposees und Fotos an, ließ mir Details erklären; zu Besichtigungen konnte ich schließlich nicht gehen.

Es war nur eine Wohnung dabei, die mir gefiel; dafür schleppte ich mich dann doch zu einem Besichtigungstermin – was für eine Enttäuschung. Wie schön doch Anzeigen und Erklärungen klingen können – ein bisschen renovierungsbedürftig, das können gute Handwerker an einem Tag erledigen. Dass die Wohnung aber

nicht einmal ein intaktes Dach hatte, keine Toiletten und dass der Boden ein Gemisch aus Teppich, Zement und Parkettresten aufwies, wurde vom Makler auf einen kreativen Künstler als Vormieter zurückgeführt. Ich war verzweifelt und hatte die Suche für einige Wochen aufgegeben.

Aus Langeweile schaute ich irgendwann die Exposees noch einmal durch; das unterste hatte ich eigentlich von Anfang an für mich ausgeschlossen, da sich das Haus in der gleichen Straße befand wie das meines Vaters. Auf der einen Seite war ich begeistert, auf der anderen war das gar nicht gut. Ich hatte und habe mit meinem Vater ein unglaublich inniges Verhältnis. Papa war trotz seines Jobs immer für mich da, in jeder Situation, und wir sind uns beide unglaublich ähnlich in unseren Charaktereigenschaften. Genau das war meinem damaligen Mann aber ein absoluter Dorn im Auge. Ich weiß, dass es für viele Männer ein Problem ist, wenn die Frau ein Papakind ist, wie ich es bin, nächtelang mit dem Vater auf der Couch hockt, Papa immer Recht hat und er sowieso der Größte ist und unantastbar. Mit Sicherheit ist es nicht für jeden Mann einfach, damit klarzukommen. Wenn man dazu noch in derselben Straße wie der Schwiegervater wohnt, könnte es eventuell noch komplizierter werden, so jedenfalls die Sicht meines Mannes.

Ich aber sah eigentlich nur Vorteile; mein Vater war oft unterwegs, und so könnte man sich öfter sehen, man könnte auch mal nur kurz vorbeikommen und bräuchte nach einem Glas Wein kein Taxi. Abgesehen davon wäre es für meinen Vater so auch einfacher, seine Enkel und auch mich einfach einmal spontan zu besuchen. Ich gebe zu, das war sehr egoistisch von mir, aber ich war mir sicher, dass wir, wenn es unser Traum wäre, immer Kompromisse finden würden und glücklich wären. Viktor und Thaddäus beflügelten mich immer und immer wieder, mir dieses Haus wenigstens einmal anzusehen. Da stand ich nun, fühlte mich wie eine Kuh, die man vergessen hatte zu melken, und musste eine Entscheidung treffen.

Ich telefonierte mit der Maklerin, machte einen Termin aus und hatte wirklich Glück, dass dieses Haus in den sechs Wochen noch freigeblieben war. Ich sagte meinem Mann nur, dass ich ein Haus anschauen würde, aber nicht wo.

Es war weder eine Entscheidung gegen meinen Mann noch eine pro Engel. Ich entschied das wirklich einfach nur aus dem dicken Bauch heraus. Ich glaube, meine Engel haben mir auch in dieser Situation einfach den Weg gezeigt, und so traf ich mich mit der Maklerin. Wieder war es so, dass ich schon beim Betreten des Hauses wusste, das ist es und kein anderes! Es war wunderschön, hatte sogar eine Sauna im Keller, es war wie für unsere Familie gemacht. Ich überlegte keinen Moment lang, was für ein Bild ich wohl abgeben musste – hochschwanger, völlig kaputt, die Hormone taten ihr Übriges! Ich rief meinen Mann noch vom Keller des Hauses aus an, heulend vor Glück, und plärrte ins Telefon: »Ich habe unser Haus gefunden, ich habe unser Haus gefunden.« Na ja, es klang wohl eher nach »Iaaaabeeee uer Haus eeefunden«; vor lauter Glückstränen konnte mein Mann erst einmal gar nichts verstehen.

Dieses überschwängliche Glücksgefühl war allerdings ein schlechter Ausgangspunkt, um über den Mietpreis zu verhandeln. Jeder geschäftstüchtige, normal denkende Mann hätte wahrscheinlich gesagt: »Die ist nicht ganz sauber ... redet dauernd mit Engeln. Die soll mal an die Luft gehen, und wir verhandeln über ein Haus mit so vielen kleinen Fehlern noch einmal neu.« So dachte mein Mann bestimmt auch. Aber was sollte er machen? Eine glückliche, schwangere, zukünftige Mutter seiner Kinder, mit fester Überzeugung, die Familie hier glücklich zu machen, ist nun einmal das beste Argument. Der Maklerin war das natürlich auch sofort klar.

Somit war das neue Heim gefunden, mein Mann wehrte sich nicht einmal mehr dagegen und freute sich mit mir. Heute bin ich mir sicher, dass die Kraft von Viktor und Thaddäus auch hier entscheidend war! Mein Exmann hat einen starken Charakter, und wenn er etwas nicht will, dann ist das eben einfach so. Engel können also, und da bin ich mir wirklich ganz sicher, ihre Energie auch auf andere übertragen, wenn sie überzeugt sind, ihrer Schutzperson helfen zu müssen.

Der Einzug in das Haus fand dann zwei Tage nach der Entbindung der Kleinen statt. Wenn das nicht knapp war, dann weiß ich nicht, was Zeitdruck heißt.

Wir hatten einige glückliche Jahre in diesem Haus, und auch in der Trennungsphase von meinem Mann und mir war das Haus Gold wert, da mein Vater ganz in der Nähe war. Das war für meinen Mann sicher nicht wirklich prickelnd, denn immer wenn wir Ärger hatten, ging ich einfach rüber zu Papa, wo ich mich geborgen fühlte, und wartete, bis mein Mann schlief, um wieder hinüberzuschleichen. Somit hat er mit seinen Zweifeln vielleicht sogar Recht gehabt, ich hatte aber, von meinen Engeln geleitet, das Richtige getan.

Oft kam mir zwar nicht immer sofort die Hilfe zu, die ich mir wünschte, aber da hatte ich nur wieder nicht verstanden, dass mir Viktor und Thaddäus natürlich alleine mit dem Haus und der Nähe zu meinem Vater längst geholfen hatten. Auch hier war es so, dass für mich eines erst später klar wurde: Ohne zu viel interpretieren zu wollen – Engel finden immer ihren ganz eigenen Weg der Hilfe, nur versteht man sie manchmal erst nicht. Die Hilfe ist längst da, aber man nimmt sie nicht wahr, weil man vielleicht zu sehr in seiner eigenen Struktur steckt, seine eigenen Gedanken und Wünsche hat und weil man zu oft glaubt, dass die Hilfe der Engel doch so aussehen muss, wie man sie sich selbst vorgestellt hat. Nach und nach, je länger man sich damit beschäftigt, wird einem allerdings immer mehr bewusst, dass man nur genau hinsehen muss, um die »Handschrift« der Engel zu erkennen. Diese ist immer wieder unterschiedlich! Wenn du glaubst, dass es ein allgemein gültiges Rezept gibt für den Umgang mit Engeln, dann täuschst du dich. Ich halte nicht viel von Bedienungsanleitungen, außer sie kommen von Ikea – die sind die besten ...

Jeder Mensch ist verschieden, und jeder Engel natürlich auch. Engel sind für mich weder männlich noch weiblich, sie haben kein Geschlecht, sondern sind, wie schon beschrieben, androgyne Wesen – und doch haben sie absolut unterschiedliche Charaktere, und das, obwohl sie tot sind. Ja, ich sehe das so, Engel sind tot. Das mag jetzt vielleicht sehr krass klingen, und vielleicht kommen in dir jetzt Gedanken hoch wie »Dann spricht Giulia also mit Toten!« Ja, genau so ist es! Und dann auch wieder nicht ... Ich rede und arbeite ja nicht mit Menschen, die verstorben sind, also Geistern oder deren Seelen. Engel sind in meinen Augen zwar tot, dennoch sind sie eigene Wesen. Ich nenne sie Machtwesen, denn Engel haben für mich eine ungeheure Macht, eine unheimliche Stärke. Diese Macht setzen sie auch ein, wenn man sie lässt – allerdings nur, um Gutes zu tun, daher fürchte dich auch nicht vor ihnen. Ich habe immer nur Gutes durch meine Engel erfahren. Sie haben für mich als Wesen nur Positives; sonst würden sie mich nicht immer wieder unterstützen, obwohl ich sie ab und zu auch wohl furchtbar nerve ...

Warum ich das denke? Nun, die Geschichte mit den Wohnungen und Häusern geht ja noch ein bisschen weiter. Nachdem mein Mann und ich uns getrennt hatten, blieben wir zunächst noch in unserem gemeinsamen Haus wohnen. Als die Kleinen über ein Jahr alt waren, begann ich wieder ein bisschen zu arbeiten, vor allem nachts. Ich war als freie Mitarbeiterin tätig für die geplante Neueröffnung eines Clubs, für das Marketing, einen Teil der Einrichtung, die zukünftigen Eventideen, Werbung und Einladungen sowie Homepage, Logo und Dekoration. In diesen Nächten, meist am Wochenende, kümmerte sich mein Mann liebevoll um die Kleinen, tagsüber war ich dann dran.

Trennungen sind niemals schön und immer schmerzhaft, das steht fest. Aber wenn Kinder im Spiel sind, der Freundeskreis, Gewohnheiten, ein schönes Haus, wenn auch nur zur Miete, und man nicht mit und nicht ohne einander sein kann, dann kann so eine Trennung schnell zu einer aufreibenden Nervensache werden. Auch in dieser Zeit war ich oft auf die Hilfe meiner Engel angewiesen und froh, dass ich bei Streitigkeiten für kurze Zeit zu meinem Vater flüchten konnte. Das war für mich ein großer Vorteil, aber ich weiß, dass auch mein Mann meistens froh war, wenn er Ruhe im Haus hatte und keine emotional aufgeladene Stimmung herrschte.

Es war mir aber auch klar, dass es so nicht weitergehen konnte. Mein Mann und ich getrennt unter einem

Dach, das würde nie gut gehen, und die Kinder würden es irgendwann auch merken. So gute Schauspieler gibt es nicht, und Kinder spüren jede kleine Schwingung. Immer und immer wieder bat ich deshalb meine Engel darum, mir zu helfen, diese Situation zu meistern, mir schnell eine Lösung zu zeigen, damit sich wieder eine gewisse Klarheit in mein Leben und das meiner Kinder einstellen konnte. Leider sah ich in dem Moment keine Hilfe und wusste nicht wirklich, wie das Leben weitergehen sollte.

Doch in einem Punkt bin ich mir sehr sicher: Die Liebe und die Zuwendung meines Vaters, gerade in dieser schwierigen Zeit, war mir sehr viel mehr wert als alles Geld der Welt! Er hat mir so verdammt viel Liebe gegeben und war auf seine unglaublich tolle Art und Weise rund um die Uhr für mich da; dafür werde ich ihm immer dankbar sein!

Im Februar 2006 machte ich mich wieder auf Wohnungssuche. Die endgültige Trennung war beschlossen, und es war mir natürlich völlig klar, dass nun wieder große Veränderungen anstehen würden. Diese Veränderungen hatten ganz sicher auch mit Abschiednehmen zu tun. Es stand fest, dass ich kein günstigeres Haus in der Gegend finden würde, schon gar nicht in der Straße, in der mein Vater wohnte, zumal hier auch sonst keine Häuser vermietet wurden. In solchen Situationen hat man nicht viele Möglichkeiten. Meinen Glauben setzte ich aber immer sofort ein und bat meine Engel um Hilfe. Wie immer musste es mit der Hilfe und der neuen Wohnung allerdings sehr, sehr schnell gehen, doch an Eilaufträge waren meine Schutzengel ja gewöhnt. Trotzdem hatten sie sonst meist genügend Zeit, um ein Hilfsprogramm für mich aufzustellen, doch dieses Mal handelte es sich schlicht um einen »Overnightexpress«-Wunsch.

Das Problem war, dass das neue Dach über dem Kopf eine gewisse Größe haben musste, alleine schon wegen der drei Kinder, und es musste wesentlich billiger sein – und das in München! In keiner anderen Stadt in Deutschland sind die Mieten so enorm hoch wie hier. Damit aber noch lange nicht genug ... Ich musste schließlich auch genügend Geld verdienen, womit klar war, dass ich noch ein Kindermädchen brauchte. Also, der ganze Wahnsinn ging wieder von vorne los: allein erziehende Mutter, drei Kinder, kein fester Job, kein Mann ... Ich sollte in wenigen Wochen aus dem Haus ausziehen und war erst einmal wie gelähmt vor Angst, verzweifelt, habe heimlich viel geweint und war zunächst eher untätig. Der Stichtag rückte immer näher, und es blieben mir bald nur noch knapp 20 Tage.

Viktor und Thaddäus waren immer für mich da in diesen chaotischen Momenten. Ich glaube, sie haben sowieso gewusst, dass das alles so kommen würde und sich vielleicht schon darauf eingestellt. Schnelligkeit und Hilfe in größter Not waren nun also gefragt! Erinnerst du dich noch? Am Anfang habe ich geschrieben, dass ich glaube, Engel müssten jeden Tag beschäftigt werden – damit sie dich besser kennen lernen und damit du glücklicher und zuversichtlicher werden kannst. Je mehr man sich mit seinen Engeln beschäftigt, desto besser wird die Kommunikation mit ihnen, und gerade dann, wenn es hart auf hart kommt, kann dir die Hilfe dann viel schneller zuteilwerden.

Ich entschied mich dieses Mal für die Internetsuche, denn ich konnte mir mangels Zeit unmöglich 100 Häuser und Wohnungen ansehen. Dies ist keine gute Voraussetzung, wenn man eine geeignete Wohnung finden will. Unter Druck wird das ohnehin meistens nichts, wirst du dir denken, und eigentlich würde ich dir Recht geben – wäre es bei mir nicht jedes Mal anders verlaufen!

Die allererste Anzeige auf dieser Vermietungs-Homepage war perfekt. Die Beschreibung der Wohnung klang danach, dass all das erfüllt war, was wir zum Leben brauchten. Und sie sollte zu einem Preis vermietet werden, der ganz knapp noch in meinem Budget lag, wenn ich die Kosten für ein Aupair-Mädchen sowie Nebenkosten dazurechnete.

Ich rief sofort beim Makler an und machte einen Besichtigungstermin aus. Alle Fragen nach Kindern, Haustieren, Ehemann und Ähnlichem kamen. Die Frage nach dem Gehalt habe ich dieses Mal sofort von mir aus erzählt. Es gab kein Stirnrunzeln, sondern die klare Ansage, er müsste erst die Eigentümer fragen. Ich wollte diese Wohnung unbedingt haben und hoffte auf einen positiven Anruf; dieser kam bald, und wie der Zufall es will, hatten die Eigentümer, die anscheinend nicht in Deutschland leben, vor 15 Jahren in Spanien einmal mit meinem Vater eine Runde Golf gespielt. Ich bekam die mündliche Zusage. Zum Termin für die Unterzeichnung des Mietvertrages nahm ich meinen Vater mit, weil ich die Bestätigung haben wollte, dass es wirklich die perfekte Wohnung ist, in die ich mich verliebt hatte und ich mir nicht nur aus meiner Not heraus etwas einbildete. Nach einem Blick in die Wohnung meinte er sofort, solch einen Glücksgriff würde ich nie wieder machen.

In diesem Fall war mein Vater für mich der Engel auf Erden. Durch sein Hobby, das Golfspielen, das er wirklich gut beherrscht, half er mir, und meine Schutzengel waren diejenigen, die es wieder einmal die erste Wohnung haben sein lassen, die ich besichtigt habe.

Solltest du jetzt auf die Idee kommen, dass ich vielleicht einfach den »Siegel-Bonus« hatte, muss ich dir widersprechen, daran glaube ich nicht. In München leben viele Bekannte mit tollen Bonitätsauskünften, was den meisten Vermietern aber völlig egal ist. Die wollen ihr Geld jeden Monat pünktlich, alles andere interessiert sie nicht.

Die Wohnung war einfach wunderschön geschnitten, von der Lage her fantastisch, weil sie sehr zentral lag, und es war genug Platz für uns alle da. Natürlich unterschrieb ich sofort den Mietvertrag, und in nur 48 Stunden war unser Leben gerettet.

An dieser Stelle möchte ich all denen wieder liebevoll »den Zahn ziehen«, die denken, es wäre einfach Zufall gewesen! Ich kann gut verstehen, dass man sehr schnell auf diese Idee kommt, aber wenn du dich nach diesem Buch mit deinen Engeln beschäftigst, wirst du vielleicht merken, dass es so viele sich auch wiederholende Zufälle gar nicht geben kann. Vielleicht gibt es vereinzelt so etwas wie Schicksal, aber auf jeden Fall gibt es Engel, die dir in solchen Momenten zur Seite stehen, so viel steht für mich ganz klar fest. Aber bilde dir deine Meinung selbst oder stempele mich als Spinnerin ab. Ich bin mit meinem Glauben sehr glücklich und habe meinen eigenen Weg gefunden ... Und genau das gibt mir mittlerweile unheimlich viel Kraft und Ruhe! Ist es nicht ein unglaublich gutes Gefühl zu wissen, dass einem in ganz vielen entscheidenden Situationen geholfen wird, dass man einfach nie wirklich alleine ist? Ich kann es manchmal gar nicht richtig fassen! Je mehr extreme Momente entstehen, in denen mir meine Engel begegnen, und je mehr Hilfe ich bekomme, desto spannender, ruhiger und sicherer wird mein Leben. Auch hier sei einfach wieder gesagt: Man kann gar nicht früh genug damit anfangen, sich um seine Engel zu »kümmern«. Jeder Tag mit ihnen bringt neue Erkenntnisse, jeder Tag ist ein bisschen mehr von Liebe gekennzeichnet, jeder Tag verläuft anders, besser sowie mit viel mehr Freude.

Der Überbegriff all meiner Erzählungen könnte daher auch »Der Glaube versetzt Berge« heißen – und vielleicht habe ich ja auch schon etwas in dir bewegen können.

Solltest du also gerade dringend eine neue Wohnung suchen, so fang doch einfach einmal an, bei deinen Engeln um Hilfe zu bitten. Oder wenn du dich schon für eine Wohnung entschieden hast und es mehrere Bewerber gibt, dann schicke ein Stoßgebet zu deinen Helfern oder dem, was deinem Glauben entspricht. Dann wünsche ich dir viel Spaß mit deiner neuen Wohnung – du wirst sehen ... Du bekommst sie!

Engel und ein Casting für Persil

Engel bestimmten schon immer irgendwie einen Teil meines Lebens. Gerade wenn man jung ist, macht es so viel Sinn, Kontakt mit Engeln aufzunehmen. Ich will dir auch sagen, warum ... Ich habe Kontakt zu sehr vielen lieben Menschen jeden Alters in meinem Leben. Mir ist immer wieder aufgefallen, dass viele Menschen erst wenn sie älter oder krank geworden sind nach einem Glauben, einem Halt im Himmel oder Übersinnlichem suchen. Ich finde das sehr schade, dass sie es versäumt haben, schon früh mit ihren Engeln zu sprechen oder einen anderen Glauben und Halt zu finden.

Die Generation meiner Großeltern, die den Krieg erlebt hat, musste in Deutschland viel Leid ertragen. Nicht nur der Krieg als solcher, sondern auch die Folgen können wir uns heute kaum vorstellen, selbst wenn die Erzählungen unserer Großeltern und vielleicht auch unserer Eltern noch so detailliert sind. Aus Schutz lassen sie bestimmt viele Dinge einfach aus, weil sie zu grausam waren, und das ist sicher auch gut so.

Vielleicht hätten einige mehr Hoffnung und Kraft gehabt, wenn sie ihre Engel beschäftigt hätten. In jedem Fall hätten sie Hilfe erfahren, dessen bin ich mir ganz sicher! Ich weiß auch, dass Engel das Leben leichter und schöner machen können. Ich frage mich nur: Warum fangen Menschen nicht schon ganz früh an, mit Engeln zu arbeiten? Es muss ja keiner wissen, an was man glaubt. Nennt es, wie ihr wollt; ich traue mich, es für mich auszusprechen. Vielleicht trägt ja dieses Buch bei dir ein bisschen dazu bei. Darüber würde ich mich in jedem Fall sehr freuen.

Mit 19 Jahren habe ich als Model in Paris gelebt. Das war eine recht harte Zeit. Auf den Castings fanden sich teilweise über 50 Models ein, die sich alle um denselben Job bewarben. Für Anfängerinnen, zu denen ich auch zählte, gab es pro Shooting-Tag teilweise nicht mehr als 250 D-Mark. Wenn ich Glück hatte, kam ich auf vier Jobs im Monat. Hiervon musste ich aber das kleine angemietete Zimmer, Essen und die Metrokarte bezahlen sowie auch noch von jedem Job 25 Prozent Agenturprovision abgeben. Mein Abendessen bestand meist aus Suppe, Suppenwürfeln mit Couscous und ein paar reingeschnippelten Karotten.

Zum Glück lernte ich bald eine sehr nette Pariser Clique kennen, die mich ab und zu zum Essen einlud und mich auch abends ab und an in Pariser Clubs mitnahm. Ich hatte seit der ersten Schulklasse ein rein französisches Gymnasium besucht, und diese Ausbildung kam mir hier zugute. Mein Französisch war akzentfrei, und ich wurde von Anfang an bei allen Franzosen akzeptiert, was als Deutscher in Frankreich nicht immer so ist.

Jeden Tag rannte ich von einem Casting zum nächsten, und es kam nicht wirklich viel dabei heraus – bis ich zu einem Casting für Persil eingeladen wurde, und zwar für einen Werbespot mit einem Engel. Ich hatte damals ganz kurze blonde Haare und wunderte mich, wieso sie mich überhaupt sehen wollten. Ein Engel hat, das hat doch jeder in seinen Gedanken, lange blonde und wallende Locken, aber Bedenken beiseite und auf zum Casting. Wie ich es mir dachte, waren dort circa 40 Models mit langem blondem Haar erschienen. Als ich reinkam, ging sogar ein kleines Lachen durch den Raum. Die Models waren unter sich immer sehr bissig, da es ja sprichwörtlich ums nackte Überleben ging.

Ich schickte Stoßwünsche zu Viktor gen Himmel und bat ihn, den Casting-Leuten ein modernes Bild von einem Engel zu schicken, einem Engel, der nicht der allgemeinen Vorstellung über diese Wesen entspricht, einem Engel, wie Menschen, die sich ein bisschen damit beschäftigen, ihn sehen. Engel sind im Allgemeinen nämlich androgyne Wesen.

Nach zwei Stunden wurde ich als Letzte in den Raum gebeten. Produzent, Regisseur, die Marketingchefin von Persil und zwei weitere Personen saßen an einem langen Tisch und lachten mich freundlich an. Sie fragten, wieso ich mir vorstellen könnte, einen Engel zu spielen. Ich drehte mich um, so dass ich mit dem Rücken zu ihnen stand. Dann legte ich meine Arme an den Rücken. Dadurch kamen meine Schulterblätter sehr stark heraus und sahen aus wie kleine Flügel. Ich bewegte sie in der Position, als ob ich leicht fliegen würde, und erwiderte mit einem Lächeln: »Weil ich ein kleiner Engel bin.«

»Danke, dass du da warst, wir melden uns bei deiner Agentur.« Zwei Tage später kam der erhoffte Anruf, dass ich das Casting gewonnen hätte. Viktor hatte unglaubliche Arbeit geleistet und machte mich unfassbar glücklich. Mit der Tagesgage von 2500 D-Mark (für acht Stunden) waren meine Miete und alles andere gesichert. Zu dieser Tagesgage kam noch eine Vereinbarung über einen Ausgleich für Überstunden, falls der Dreh länger dauern würde, und ein so genanntes »buy out« von 30 Prozent für die Rechte, den Werbespot in Frankreich ein Jahr lang ausstrahlen zu dürfen. Die Aussicht auf diese ganze Summe war unglaublich. Das erste Mal fühlte ich mich in dieser großen »Modelglamourwelt« wie ein kleines Topmodel.

Sofort fingen die Vorbereitungen an. Ich hatte einen Termin bei einem Modellbauer, der von meinem Rücken einen Gipsabdruck anfertigte, denn die Engelsflügel sollten nicht einfach billig aufgeklebt, sondern auf meinen Rücken modelliert werden. Auf diesen Gipsabdruck wurden dann die Flügel aufgebaut. Am Drehtag sah ich die Flügel zum ersten Mal; sie waren gigantisch mit einer Länge von circa zwei Metern und beklebt mit echten Federn. Die gesamte Konstruktion mit einem Gewicht von mindestens 15 Kilo wurde mit einem Spezialkleber, ohne Bänder oder Schlaufen, auf meinen Rücken und die Schultern geklebt. Ich habe die starke Vermutung, dass auch Engel eine ziemlich große Portion Humor haben. Viktor muss sich bei meinem Anblick gekugelt haben vor Lachen; aber schließlich hat er ja nachgeholfen, dass ich dieses Waschmittel verkaufende Engelswesen spielen durfte.

Du musst dir dieses unglaubliche Bild vorstellen: Eine 800 Quadratmeter große, leere Halle – in der Mitte wurde ein riesengroßer, künstlicher Berg aufgebaut, darauf stand eine Waschmaschine, und hinter dieser Waschmaschine stand Giulia mit riesigen Flügeln. Der Engel sollte für Persil die Reinheit, das Weiße darstellen und musste immer wieder in die Kamera wiederholen: La pureté! (die Reinheit).

Meine Schultern schmerzten, und mir war unglaublich kalt. Das Gesamtbild sollte aber von Wolken umrahmt sein, die per Nebelmaschine künstlich hergestellt wurden, um das Ganze echter wirken zu lassen. Das klingt im Grunde recht einfach, ist es aber nicht, denn bereits ein ganz leichter Windstoß reicht, damit der Kunstnebel sich bewegt, und die Wolken sollten ja nun schließlich stehen. Jedes Mal, wenn auch nur jemand in der Halle eine leichte Bewegung machte oder wenn der Wind ein bisschen durch die Fenster zog, bewegten sich die verdammten Wolken, und es musste wieder von vorne begonnen werden! Die kleinen weißen »Biester« wollten einfach nicht so, wie der Regisseur es wünschte. Sie flogen auf und davon oder lösten sich in einen flächigen Nebel auf. Das Team bestand aus 60 Mann. Bei dieser Menge von Menschen kannst du dir vorstellen, dass keine Ruhe in die Wolken zu bringen war. Der Dreh wurde alle 30 Minuten wieder abgebrochen, und ich durfte meinen Berg verlassen. Mein größtes Problem war aber, dass ich mich wegen der aufgeklebten Flügel nicht hinsetzen und somit nur in der Hocke mit gestrecktem Rücken ausruhen konnte.

Nach ungefähr 16 Stunden war immer noch keine Lösung für das »Wolkenproblem« gefunden. Ich kauerte, und das meine ich wirklich so, mit Tränen in den Augen und starken Schmerzen im Rücken im großen Aufenthaltsraum. Mit den Flügeln kam ich nämlich in keinen kleinen, warmen Raum hinein. Du kannst dir die Aufregung vorstellen, als ich auf die Toilette musste; wie sollte das mit den Flügeln nur gehen? Ich passte ja nicht einmal durch die Toilettentür. In meiner hockenden Haltung wurde ich mit zwei großen Decken abgedeckt und bekam ein Eimerchen hingestellt. Das war so erniedrigend und peinlich, aber es ging nicht anders. Ich musste da durch und zeigen, dass ich diszipliniert bin und den

Willen habe. Um dieser unangenehmen Situation nicht noch einmal ausgesetzt zu werden, verzichtete ich komplett aufs Trinken und Essen. Engel zu spielen kann also ganz schön anstrengend und für mich sogar peinlich sein – und die Hölle! Aus den 16 Stunden wurden 25, aus 25 wurden 30, aus 30 wurden 36, aus 36 wurden 40, und aus 40 wurden 48 Stunden – immer wieder den Berg rauf und runter und meinen Minisatz sagen.

Das Einzige, was mich bei Hunger und Durst noch bei Superlaune halten konnte und mich durchhalten ließ, waren die von mir im Kopf zusammengerechneten Überstunden. Wow, war das eine Summe! Und wie schön, dass der Stundensatz für Überstunden genau in meinem Vertrag stand. 68000 Mark ... der absolute Wahnsinn! Ich würde mir vorerst keine Gedanken um Miete oder meinen Lebensunterhalt mehr machen müssen, all die Sorgen waren erstmal wie weggeblasen. Dafür nahm ich auch das ein oder andere Mal das kleine Plastikeimerchen in Kauf. Der Dreh war dann nach 48 Stunden endlich beendet. Ich war völlig fertig und konnte mich kaum noch bewegen.

Der Produzent unterschrieb den Voucher, ein rosa Papier, welches Models zu jedem Job mitbringen mussten, wo die genaue Stundenanzahl und somit die Gage draufstand, und ich »flog« wie in Trance mit der Metro in mein kleines Zimmer im 9ten Arrondissement in Paris. Zuhause angekommen war ich erst einmal zu gar nichts mehr fähig. Zufrieden schlief ich sofort ein, jedoch nicht, ohne mich bei Viktor 10000 Mal zu bedanken.

Am nächsten Morgen stand ich recht früh auf und düste in meine Modelagentur, um stolz den Voucher mit all den Überstunden abzugeben. Für die Agentur war dies natürlich auch ein super Geschäft, bekamen sie doch 25 Prozent der gesamten Summe von mir ab. Ich ließ mir dort erst einmal einen Vorschuss geben, der zwar mit 35 Prozent Provision abgerechnet wurde, aber das war mir egal. Ich wollte meine Pariser Freunde nun mal richtig schön zum Essen einladen und mir etwas Schönes zum Anziehen kaufen.

In den darauffolgenden Wochen fragte ich täglich in der Agentur nach, ob meine Gage schon bezahlt sei. Ein tägliches Nein stimmte mich von Tag zu Tag misstrauischer und traurig. Ich versuchte, Kontakt zu Viktor aufzunehmen, um darum zu bitten, dass das Geld möglichst schnell gezahlt werden sollte, denn so langsam, aber sicher wurde meine finanzielle Lage ziemlich ernst. Merkwürdigerweise gab es von Viktor wieder keine Reaktion. So sehr ich es auch versuchte, so sehr ich auch um Hilfe bat, mir wollte der Kontakt nicht richtig gelingen. Es kam, wie es kommen musste: Der Auftraggeber bezahlte die Rechnung einfach nicht! Bis heute warte ich auf das Geld. Ich wollte über meine Agentur rechtlich dagegen vorgehen, die riet mir aber davon ab, um Folgeaufträge und die gute Zusammenarbeit der Firma mit der Agentur nicht zu gefährden. Naiv wie ich war, ging ich damals davon aus, dass das ganze Projekt irgendwie gestoppt wurde und der Spot niemals laufen würde. Da hatte ich mich getäuscht – natürlich wurde er ausgestrahlt!

Um ehrlich zu sein, an dieser Stelle kam ich schon ein bisschen ins Zweifeln. Nun hatte mir mein Engel zu dem Job verholfen. Ich war bereit gewesen zu lernen, mein Bestes zu geben, mich in Verzicht zu üben – und all das sollte nicht honoriert werden? Ich konnte es nicht glauben und hatte wirkliche Sorgen; meine Lage wurde immer bedrohlicher. Doch keine Bange, es kam Hilfe! Die Pariser Prêt-à-porter-Schauen standen vor der Tür, und Unmengen von Castings wurden ausgerufen. Ich hatte Riesenglück und bekam einige kleine Modenschauen und eine ganz große. Ich durfte für Hermès laufen! Ich bat natürlich jedes Mal sehr intensiv darum, dass diese Jobs auch bezahlt werden. Bei keinem meiner Modeljobs ging ich in der Folge leer aus, nie wieder. Meine finanzielle Situation erholte sich sehr bald, und ich war wieder unendlich dankbar dafür!

Ich möchte auch hier wieder ganz klar betonen: Engel zu haben, mit ihnen zu sein, mit ihnen zu arbeiten, bedeutet Energie. Manchmal braucht man selbst sehr viel davon, muss viel davon investieren, auf der anderen Seite bekommt man aber auch viel davon wieder zurück. Wir alle sollen in unserem jetzigen Leben etwas lernen, davon bin ich fest überzeugt. Jeder von uns hat seine Aufgabe. Mit Hilfe der Engel wird die Aufgabe oder werden die Aufgaben einfach unterstützt, immer im positiven Sinn! Jeder, der mit Engeln arbeitet, wird seine Ziele erreichen, ganz sicher, jedoch nicht sofort. Jedenfalls gilt das für die »großen« Dinge, denn Engel machen scheinbar ganz klar eine Unterscheidung: Eine Parkplatzlücke können sie dir sofort verschaffen, darin sehen sie wohl kein großes Problem, da zeigen dir mit ein bisschen Humor, dass sie da sind. Geht es aber um entscheidende Momente im Leben, in denen Weichen gestellt und wichtige Entscheidungen getroffen werden müssen, erwarten sie von dir ein gewisses Pensum an Mitarbeit.

Ja, Engel zu haben bedeutet Arbeit, aber immer ist jemand an deiner Seite, ein Helfer, der das Leben unglaublich viel schöner macht. Auch du kannst all deine Ziele erreichen, schon deshalb lohnt es sich, jeden Tag nicht nur an Engel zu glauben, sondern ihnen einmal mehr zu vertrauen!

Engel beschützen meine Kinder

Das Thema »Kinder« ist bei mir ein sehr sensibles. Ich liebe meine Kinder über alles, und ich habe ein ganz besonderes Verhältnis zu ihnen. Gut, das wird wohl jede Mutter sagen, keine Frage, aber von Anfang an, bevor sie überhaupt geboren wurden, war da eine ganz besondere Bindung, von der ich auch gleich erzählen werde.

Ich bin sehr früh das erste Mal Mutter geworden. Ich weiß, wie es ist, gerade selbst aus dem Kindesalter heraus zu sein und eine junge Mutter zu werden. In anderen Teilen der Welt ist das völlig normal, in Deutschland ist es in den Augen anderer dagegen eher fragwürdig, »zu früh« ein Kind zur Welt zu bringen. Ich denke, das hat immer etwas mit Reife zu tun und ist weniger altersabhängig. Es gibt Frauen, die sind mit 40 Jahren noch nicht bereit, sich um ein Kind zu kümmern, andere Mütter, die mit 17 oder 18 Jahren das erste Mal ein Kind zur Welt bringen, meistern den »Job« aber ganz super.

Doch es gibt eben auch Menschen, die einen merkwürdig anschauen, wenn man sehr jung ist und einen Kinderwagen schiebt. Du glaubst gar nicht, welche Blicke ich aushalten musste. Ab und zu kamen auch Fragen wie: »Du bist doch bestimmt die große Schwester, oder? Finde ich aber klasse, dass du dich so um dein Geschwisterchen kümmerst!« Ich habe ja von Natur aus eine große Klappe, und die habe ich natürlich auch in solchen Situationen immer eingesetzt. Das konnte ich aber nur, weil ich wusste, dass ich meine Engel an meiner Seite hatte. Viktor hat mir am Anfang unheimlich viel Kraft gegeben, um einige Momente gut zu meistern.

Kinder brauchen in meinen Augen einen ganz besonderen Schutz. Man soll sie natürlich nicht verhätscheln, aber in dieser Welt sind Kinder teilweise wirklich recht großen Gefahren ausgesetzt. Das klingt vielleicht dramatischer, als es ist, aber wenn man regelmäßig Nachrichten schaut, dann wird einem als Elternteil schon ab und zu richtig bange! Kinder kennen zunächst einmal keine Angst, und das ist im Grunde auch gut so, denn früh genug machen sie ihre eigenen Erfahrungen. Oft denke ich aber auch an meine eigene Kindheit, und wenn ich jetzt hier sitze und schreibe, frage ich mich: »Was hätte ich in vielen Situationen ohne meine Schutzengel getan? Wie wären einzelne Lebenssituationen dann ausgegangen?«

Ich habe in diesem Buch ja schon so einige Geschichten aus meiner Kindheit aufgeschrieben, und bei vielen stellt sich die Frage: Wäre Viktor damals nicht da gewesen, würde ich heute dieses Buch überhaupt schreiben können?

Wenn ein Kind auf die Welt kommt, hat es bereits seine Schutzengel, da bin ich mir ganz sicher. Und es hat sicher auch seine ganz eigene Art, mit seinen Engeln zu kommunizieren; wahrscheinlich tut es das schon im Mutterleib. Alleine um bei der Geburt unbeschadet durch diesen engen Kanal zu kommen, benötigt es sicherlich einen oder mehrere Schutzengel. Einmal auf der Welt angekommen, scheint es mir, als ob Kinder den Kontakt zu ihren Engeln erst einmal verlieren. Das hat sicher auch mit unserer Gesellschaft zu tun; Kinder werden natürlich nicht nur durch die Eltern geprägt, sondern sind unglaublich vielen äußeren Umständen ausgesetzt. Viele Wissenschaftler haben in Büchern immer wieder beschrieben, dass Kinder, sobald sie geboren werden, ihre Instinkte und ihr Können zunächst wieder verlieren. Sie müssen es langsam und mühsam wieder erlernen.

Gerade bei der Geburt meiner beiden Zwillinge bin ich mir in einem Punkt ganz sicher: Meine Schutzengel waren immer bei mir, schon vor der Geburt, während der Geburt und auch danach. Viktor und Thaddäus waren immer in meinem Unterbewusstsein, in jeder Situation, die mit dieser Geburt zu tun hatte.

In der 19. Woche, also lange vor dem eigentlichen Geburtstermin, setzten bei mir Wehen ein. Ich musste sofort ins Krankenhaus und wurde an einen Wehen hemmenden Tropf gehängt. Es wurden auf den Tag genau vier Monate daraus, die ich im Krankenhaus lag. Die Angst um meine Zwillinge begleitete mich Tag und Nacht. Auch machte ich mir täglich Sorgen um meinen ältesten Sohn, denn seine Mama war ja für ihn jetzt auch nicht mehr greifbar; ein Kindermädchen und mein Mann mussten sich um ihn kümmern. Glücklicherweise hatte ich die Wochen, bevor die Wehen kamen, mit ihm alleine in Kitzbühel verbracht. Ich hatte ihn gefragt, ob er in den Kindergarten gehen oder lieber einen Skikurs absolvieren wollte. Ganz klar war es der Skikurs gewesen, und ich freute mich, denn ich wollte noch einmal viel Zeit mit ihm alleine verbringen, bevor er sein Leben mit zwei neuen Geschwistern teilen musste. Die Bindung zwischen uns beiden und die Erinnerungen an diese Tage im Schnee halfen ihm, glaube ich, auch über die Zeit ohne mich hinweg. Natürlich besuchte er mich jeden zweiten Tag im Krankenhaus. Aber mehr als ein Karten- oder Brettspiel und ein bisschen Schmusen mit Mama und ihrem dicken Bauch waren nicht drin.

Meine Engel waren somit bereits in den ersten Schwangerschaftswochen an meiner Seite. Ich glaube, sie waren es auch, die mich mit meinem Sohn in einen vierwöchigen Mutter-Kind-Skiurlaub hatten fahren lassen.

Solltest du noch nicht Mutter oder Vater sein, wünsche ich dir eine Schwangerschaft und Geburt, bei der wirklich alles glatt geht. Es ist eine wunderbare Erfahrung, die jeder machen sollte. Allen, die, wie ich, Komplikationen hatten, sei gesagt: Ich kann das absolut nachvollziehen, aber Viktor und Thaddäus waren in jedem Moment an meiner Seite. Ich spürte ihre Anwesenheit und wusste, dass sie mich nicht verlassen würden.

So war ich also in einer Situation zwischen Angst und Hoffnung, zwischen bereits starken Muttergefühlen und vielen Gedanken. Für mich ist es sowieso sehr schwer, solange einfach nichts zu tun, ich brauche Action in meinem Leben, ich muss ständig gefordert sein. Vier Monate ruhiggestellt zu sein, das alleine ist schon eine Qual für mich. Auch hier wäre ich ohne die Hilfe meiner Engel völlig verloren gewesen! Sicher – in einem Frauenkörper steckt eine Menge Power. Wenn es hart auf hart kommt, sind Frauen zu unglaublichen Dingen fähig; schließlich müssen sie auch Kinder zur Welt bringen. Schon diese Aufgabe setzt voraus, dass man über seine körperlichen Kräfte hinausgeht. Ich möchte mich an dieser Stelle auch nicht über die Maßen selbst loben, sondern dir einfach den Moment beschreiben. Dass ich diese Situation gut gemeistert habe, liegt also natürlich auch daran, dass ich als werdende Mutter unglaubliche Kräfte freigesetzt habe. Ich hatte Kraft, aber eben auch eine sehr gute Unterstützung. Immer und immer wieder waren Viktor und Thaddäus an meiner Seite, immer dann, wenn es für mich wieder einmal unerträglich wurde. Sie führten mich, sie lenkten und beeinflussten im positiven Sinne, so dass meine Kinder einen Tag nach dem 40. Geburtstag meines Mannes auf die Welt kamen. Ich habe ihm damit das schönste aller Geschenke zum Geburtstag machen können.

Solltest du Angst haben, einmal ein Kind auf die Welt zu bringen, weil es Komplikationen geben könnte, so sei dir dieses Kapitel gewidmet. Ich glaube wirklich, dass gerade Frauen, die sich nicht ganz sicher sind, ob sie den Schritt gehen sollen, ein Kind in die Welt zu setzen, bei ihrer Entscheidung durchaus von dem Wissen der Engel profitieren können. Machen wir uns nichts vor: Eine Geburt ist nicht gerade etwas Angenehmes, das steht außer Frage. Auch ist klar, dass ein Kind immer bedeutet, große Verantwortung tragen zu müssen, nicht nur für sich selbst, sondern eben auch für jemanden, der völlig abhängig von einem selbst ist. Der stärkste, Kraft gebende, liebende und verantwortungsvolle Teil sollte immer der Freund, Ehemann oder Verlobte sein. Leider hat nicht jede Frau das Glück, sich in der Schwangerschaft an eine starke Schulter anlehnen zu können, wie es mir bei meinem ersten Sohn auch erging. Wenn dem so ist, kann die Kraft und auch die Hilfe der Engel sicher unterstützen! Zu wissen, dass man bei einer solchen Entscheidung dann doch nicht ganz alleine ist, kann das Ganze erheblich einfacher machen.

Auch bei solchen wirklich wichtigen Fragen machen Engel also durchaus Sinn. Und was ich geschafft habe, das schaffst du auch, ob mit oder ohne Partner!

Großes Auto, großes Engelsglück

Ich mag schöne Autos, ich liebe die Geschwindigkeit, aber über die Jahre hinweg bin ich schon sehr viel vorsichtiger beim Autofahren geworden. Mittlerweile habe ich Kinder, die von mir abhängig sind, und ich mag auch mein Leben ganz gerne! Aber ich gebe es zu: Ich mag große Autos. Für mich müssen sie schon ein paar PS unter der Haube haben. Ein Auto muss Spaß machen und für meine Belange geeignet sein. Ich brauche Platz, und sicher muss es auch sein. Kinder, Hunde, Mann, alles muss reinpassen, und es muss mich von A nach B bringen.

Dadurch, dass ich regelmäßig in Kitzbühel und somit oft im Schnee gefahren bin, denke ich, dass meine Fahrkünste im Grunde ganz in Ordnung sind. Ich hatte viele enge Situationen vor allem in Schnee und auf Eis, durch die ich ganz gut durchgeschlittert bin.

Vor einigen Jahren kaufte ich mir einen BMW X5, groß, sportlich, das Auto hatte alles, was ich zu dem Zeitpunkt brauchte. Zur gleichen Zeit hatte ich ein »Dogtag« um den Hals mit eingelaserten Porträts und mit den Namen meiner Kinder. Ursprünglich trugen amerikanische Soldaten diese »Hundemarken«, damit sie im Krieg identifiziert werden konnten, wenn sie gefallen waren. Dogtags waren jetzt schwer in, und ich fand es eine gute Idee, die Porträts und Namen meiner Kinder auf dieses Stück Blech eingravieren zu lassen. So konnte ich sie immer bei mir »spüren«, auch wenn sie nicht in der Nähe waren. Ich suche immer wieder Mittel und Wege, um ständig mit ihnen in Verbindung zu stehen, und sei es über ein Stück Blech. Dieses Dogtag hatte für mich wirklich eine Bedeutung, ich hatte es damals immer an. Sicher ist, dass ich dieses Schmuckstück nicht einfach so ohne Hintergedanken gekauft habe; es sollte für mich auch ein Talisman, ein Glücksbringer sein. Manche Dinge haben für mich einen tieferen Sinn und sind nicht einfach ein Artikel, den man sich mal eben nebenbei kauft. Ich kann an dieser Stelle zwar nicht sagen, dass mir Viktor und Thaddäus ins Ohr geflüstert haben: »Giulia, kauf dir ein Dogtag, du wirst es brauchen! Schreib die Namen deiner Kinder drauf, dann kann dir und den Kindern nichts passieren«, aber ... heute glaube ich, dass mich meine Engel bei dieser Idee ein wenig »unterstützt« haben.

In der Vorweihnachtszeit, an einem 19. Dezember, machte ich mich mit dem Auto auf den Weg in die

Schweiz. Der Vater meines ältesten Sohnes lebte dort, und ich sollte die Weihnachtsgeschenke für das Fest abholen. So ist das eben: Als Patchworkfamilie muss man ab und zu ein bisschen umdenken. Wir feiern nicht immer alle im großen Kreis, aber auf die Geschenke dürfen meine Kinder natürlich niemals verzichten, und es ist für mich selbstverständlich, dass die Mama mal eben extra in die Schweiz fährt, um die Geschenke abzuholen. Ich hätte sie auch mit der Post schicken lassen können, aber indem ich hinfuhr, konnte ich auf Nummer sicher gehen, dass sie auch unter dem Tannenbaum liegen würden. Mir war im Grunde klar, dass Marlon mitfahren würde, er hatte seinen Papa ja nun auch schon längere Zeit nicht mehr gesehen. Gemeinsam Weihnachten feiern war in diesem Jahr einfach nicht drin, aber für Marlon war es dann natürlich wichtig, seinen Papa wenigstens in der Vorweihnachtszeit zu sehen. Am Abend wollten wir hinfahren und am nächsten Tag mittags wieder zurück. Marlon hatte ich für einen Tag von der Schule befreien lassen, doch zwei Stunden vor der Abfahrt rief Marlons Lehrer an, um mir mitzuteilen, dass mein Sohn wegen einer Schulaufgabe am nächsten Tag nicht mitfahren könne – und somit war natürlich klar: Ich musste alleine in die Schweiz fahren.

Marlon sitzt im Auto immer rechts hinten, eine alte Gewohnheit, die sich bei uns so eingebürgert hat, ähnlich wie die Tatsache, dass es Familien gibt, in denen jeder am Esstisch seinen eigenen Platz hat, der sich nie ändert. Außerdem habe ich Marlon dann beim Autofahren besser im Blick. Mir ist es immer ganz lieb, meine Kinder im Auto ein bisschen unter Kontrolle zu haben.

Mir tat es für meinen Sohn zwar unendlich leid, aber ich konnte unmöglich zulassen, dass mein Kind ohne die Geschenke seines Vaters unter dem Christbaum sitzt. An dem Abend waren die Straßenverhältnisse nicht wirklich prickelnd – in München tobte ein böser Schneesturm, der sich die ganze Fahrt über leider nicht legte. Es war für mich aber nicht beängstigend, denn so oft, wie ich schon mit dem Auto in den Bergen und auch sogar auf purem Eis gefahren war, stellte diese Situation keine große Herausforderung dar. Ich erinnerte mich an die eine oder andere Fahrt bei ähnlichen Witterungsverhältnissen und dachte mir: »Komm Giulia, zieh's durch, du machst Marlon glücklich!«

Das Schneegestöber wurde nun allerdings immer heftiger, und der große schwere Wagen rutschte bereits einige Male ein wenig, so dass ich auf 80 Stundenkilometer runterging. Ich gebe zu, dass es nicht wirklich Spaß machte, bei dieser Geschwindigkeit noch 400 Kilometer weiterfahren zu müssen, doch auch die schlechten Sichtverhältnisse zwangen mich dazu. Ich tuckerte auf der linken Spur langsam vor mich hin, da diese mehr befahren war und die Schneedecke dort nicht so dicht war wie auf der rechten. Als hinter mir ein schnellerer Wagen kam, musste ich aber auf die rechte Spur wechseln. Bei diesem Spurwechsel allerdings kam ich mit dem Wagen in eine Schneespur, die wohl noch leicht vereist gewesen sein musste. Ich schwöre: Ich bin schon durch 1000 Schneespuren gefahren ... ein bisschen rutschig, leicht dagegenlenken, nur nicht bremsen, also ein bisschen Adrenalin, aber jedes Mal harmlos. In diesem Moment jedoch hatte mein Auto einfach keinen Grip mehr, da gibt es dann auch nichts mehr zu retten, und gute 2200 Kilo rutschendes Blech schlitterten einfach dahin! Ich blieb ruhig und gelassen und versuchte ganz lässig gegenzulenken, hatte jedoch keine Chance.

Innerlich dachte ich noch ganz cool: »Das war es dann eben jetzt, das Auto knallt vorne gegen die Leitplanke, mach dich mal auf einen starken Rums und einen Blechschaden gefasst.« Ich wartete also auf dieses blöde Gefühl des Aufpralls, sah schon die Leitplanke auf mich zukommen und nahm im Geiste schon dieses dumpfe Geräusch wahr. Ich sah aber nicht, dass ich auf den Anfang der Leitplanke zurutschte. Das Unglückliche dabei ist, dass der Anfang der Leitplanke wie eine Sprungschanze wirken kann, wenn das Auto im richtigen Winkel darauf zufährt, und 80 Stundenkilometer können dann doch eine beachtliche Geschwindigkeit für so eine Blechkiste sein, ähnlich wie beim Skisprung – mein Auto hob in die Luft ab ...

An die ersten drei Überschläge – von laut Zeugenaussagen angeblich fünf – kann ich mich bis heute noch recht gut erinnern! Die ersten Überschläge fanden eindeutig in der Luft statt, die anderen beiden müssen auf dem Boden stattgefunden haben. Ich kann mich auch nicht daran erinnern, in dem Moment meine Engel um Hilfe gebeten zu haben; mein Kopf war leer, und ich spürte während der Überschläge nur absolute Stille um mich herum; ich wurde ohnmächtig. Als ich für einen kurzen Moment zu mir kam, merkte ich, dass mein Auto auf dem Dach lag, mich irgendjemand vom Gurt befreite und in den Schnee zog. Ich wurde aber wieder ohnmächtig.

Das Nächste, an das ich mich erinnern kann, ist, dass ich mich auf dem Beifahrersitz eines mir fremden Autos befand, mir schlecht war und ich mich übergeben musste. Der Wagen gehörte einem Mann, der den ganzen Wahnsinn gesehen und mich aus dem Wrack gezogen hatte. Er hatte auch Polizei und Notarzt alarmiert. An all das konnte ich mich aber nicht erinnern, sondern erst wieder daran, dass ein Arzt gerade dabei war, mich für eine Kernspintomographie vorzubereiten und in die Röhre zu schieben, um abzuklären, ob ich mir innere Verletzungen zugezogen hatte. Ich erinnere mich ebenso daran, dass dieser Arzt den gleichen Nachnamen wie meine Mutter in ihrer ersten Ehe auf seinem Namensschildchen trug und ich ihn auf Slowakisch ansprach, da ich mir sicher war, er müsse Slowake sein. Ob dem so war oder nicht, weiß ich auch nicht mehr, da mein Bewusstsein wieder einmal aussetzte.

Es ist ganz sicher mehr als nur ein Wunder, dass ich keine Verletzungen davongetragen habe bis auf das Übliche wie Schock, Schleudertrauma, Prellungen an Händen und Rücken, Gehirnerschütterung, riesige Beulen am Kopf durch die Überschläge, ein blaues Auge und ein leicht eingerissenes Ohrläppchen vom Sicherheitsgurt. Da hat ja jeder Schwergewichtsboxer nach der ersten Runde schon mehr Verletzungen. Das Glück war unbeschreiblich, und in diesem Moment bedankte ich mich das erste Mal bei Viktor und Thaddäus, denn obwohl ich sie nicht direkt um Hilfe gebeten hatte, waren sie da gewesen und hatten ihre Pflicht als Schutzengel mit maximalem Einsatz erfüllt.

Im Krankenzimmer angelangt kam ein Polizist und brachte mir alle Habseligkeiten, die rund um mein Auto noch zu finden gewesen waren – meine Reisetasche, meine fast leere Handtasche und ein zwei Jahre altes österreichisches CallYa-Handy. Das alles hatte die Polizei im Schnee verstreut gefunden. Mein normales Handy war nicht auffindbar. Ich nahm das alte Handy und war verwundert, dass der Akku überhaupt noch Saft hatte und die CallYa-Karte sogar noch ein Guthaben. Ich schaute in die zuletzt getätigten Anrufe. Telefonnummern hatte ich auf diesem Handy keine gespeichert, doch seitdem es unbegrenzte Speicher für Nummern gibt, hatte ich fast keine Telefonnummer mehr im Kopf. Somit wählte ich einfach die letzte Nummer. Meine Freundin Karin ging ans Telefon. Ich erzählte ihr schnell, was passiert war und bat sie, meine ganze Familie zu alarmieren und ihr mitzuteilen, dass es mir gut gehe und in welchem Krankenhaus ich liege. Dann war der Akku auch leer. Ich bekam ein Schmerz- und Schlafmittel und schlief bis morgens durch. Kurz nach dem Aufwachen klingelte das Telefon im Zimmer – mein Vater war dran. Er war glücklich, dass es mir gut ging und sagte, dass Kriemhild jeden Moment bei mir im Lindauer Unfallkrankenhaus ankommen würde, um für mich da zu sein. Ich war unheimlich froh, als sie endlich ankam, um mich abzuholen.

Unglaublich, dass ich nur ein paar Stunden nach solch einem Unfall das Krankenhaus schon wieder verlassen durfte. Mich zog es sofort zu der Stelle, wo mein Auto hingeschleppt wurde. Ich hatte so viele Fragen in meinem doch ganz schön schmerzenden Köpfchen. Wie war ich bloß aus dem Autowrack herausgekommen? Wie hatte ich das überlebt? Wie sah mein Auto aus? Wo war mein Handy? Mir war klar: Ich musste mir das Auto noch einmal angucken, um das alles begreifen zu können, um mir selbst ein Bild zu machen, um den Schock zu verdauen. Kriemhild konnte kaum glauben, dass wir bei dem Wetter zu den Überresten meines Autos fahren mussten, aber für mich war das wirklich enorm wichtig. Ich denke, ich hätte mich vielleicht nie so schnell wieder hinters Steuer gesetzt, wenn ich dieses Erlebnis nicht ganz und gar aufgearbeitet hätte.

Als wir am Wrack des X5 ankamen, traute ich meinen Augen nicht. War das wirklich einmal mein Auto gewesen? War ich da wirklich herausgekommen? Man muss sich vorstellen: Das Fabrikat war kaum noch zu erkennen. Es war nichts übrig geblieben als ein großer Klumpen Blech, ein Jeep geschrumpft auf die Höhe eines Minis – zumindest auf den ersten Blick! Ich ging mit Kriemhild ein wenig näher an das Fahrzeug heran, um mir anzusehen, wo und an welcher Stelle noch etwas ganz war – und schon bekam ich den nächsten Schock. An meinem Auto war nichts mehr so wie vorher, nur die Fahrerzelle war noch ganz, und auch die Fahrertür ließ sich öffnen. Alles andere war völlig zerstört!

Instinktiv schaute ich mir die Stelle an, an der Marlon normalerweise immer sitzt – wie schon beschrieben, immer rechts hinten. An diesem Punkt lag das Dach fast auf den Sitzen. Marlon wäre wahrscheinlich geköpft worden oder sein Kopf zumindest eingedrückt. Überlebt hätte er das Ganze sicherlich nicht oder wenn, dann nur sehr schwer verletzt! In meinem Kopf brausten immer mehr Bilder, ich malte mir die schlimmsten Dinge aus, die alle hätten passieren können. Dann konnte ich mich doch wieder ein wenig sammeln. Ich holte tief Luft und dachte mir: »Gut, es bringt nichts, sich weiter darüber Gedanken zu machen, was alles hätte passieren können, ich schaue einfach mal nach meinen Klamotten, meinem Handy, eben all den Dingen, die ich im Auto hatte.«

Auch dieser Moment war ein sehr heftiger! Du wirst es mir wahrscheinlich kaum glauben, aber es war wirklich nichts mehr im Fahrzeug. Es war einfach alles weg. Wahrscheinlich flogen all meine Sachen bei dem Unfall quer durch die Gegend, wurden überall zerstreut; nichts davon wurde je wiedergefunden. Das Einzige, das unversehrt war, das Einzige, das wirklich noch da war und auf der Fußmatte fast unter meinem Sitz lag, war das Dogtag mit den Porträts und den Namen meiner Kinder! Mich durchfuhr ein Schauer; dieses Gefühl werde ich niemals vergessen.

Meine Engel hatten vorher noch zusätzlich dafür gesorgt, dass ich durch den Erwerb des Dogtags einen gewissen Schutz hatte, und auch meine Kinder profitierten davon. Ich bin mir ebenfalls sehr sicher, dass es kein Zufall war, dass Marlon nicht mitfahren durfte. Er war damals ganz gut in der Schule, und es wäre eigentlich nicht so schlimm gewesen, wenn er diese Schulaufgabe hätte wiederholen müssen.

Du siehst: Diese Begegnung mit meinen Engeln reicht sehr weit und ist sehr komplex. In dieser Episode stecken mehrere Botschaften, und ich glaube fest daran, dass es gut ist, dass ich sehr früh mit der Engelarbeit angefangen habe. Auch hier zeigt sich für mich wieder, dass ich diesen großen Schutz nur deshalb hatte, weil meine Engel an mich gewöhnt sind, bereits viel mit mir durchgemacht haben und eben auch sehr schnell reagieren. Dies ist schlicht eine reine Übungssache; deshalb einmal mehr meine klare Message an euch alle: Fangt einfach so früh es geht an, mit euren Engeln aktiv zu arbeiten. Es kann jeden Tag eine Situation bei einem jeden Menschen geben, wo fast jede Hilfe zu spät kommt! Die Betonung liegt hier auf »fast«, denn schließlich gibt es ja dann doch noch diese wunderbaren Helfer, und du kannst jederzeit mit ihnen in Verbindung treten ...

Die »Engel in Grün«

Im Grunde bin ich ein recht friedliebender Mensch. Gut, wenn ein Streit aufkommt, dann muss es eben auch mal sein, mir ist es aber deutlich lieber, wenn Harmonie herrscht und ich in Liebe und Frieden mit denen mein Leben teilen kann, die mir lieb und teuer sind. Doch ich bin ein Mensch, der recht genau weiß, was er will, und genau diese Tatsache macht es für manche nicht so ganz einfach, mit mir umzugehen. Was ich überhaupt nicht haben kann sind Menschen, die Macht ausüben wollen, eine gewisse Neigung zu Gewalt und zu Aggressionen haben und diese an ihre Mitmenschen weitergeben, diese negativen Stimmungen auf andere projizieren. Macht ist etwas, das ich nicht wirklich gut ertragen kann, vor allen Dingen mag ich keine Menschen, die eine gewisse Art von Macht ausüben. Gut, es gibt Berufe, da ist es ein Muss, Macht zu demonstrieren, diese zu zeigen und das dann auch noch gut zu finden! Ich habe großen

Respekt vor der Arbeit der Polizei, die Nebenwirkungen sind für mich jedoch manchmal wirklich unerträglich.

Es hat übrigens seinen Grund, warum die Polizeibeamten Uniformen tragen. In der »Geschichte der Uniformen« liegt die Würze, denn hier geht es um Macht! Uniformierung hat immer etwas genau damit zu tun: Ich trage Uniform, ich stehe über dir und zeige dir mal, wo es lang geht ... Auch wenn viele es vielleicht nicht so gerne hören: Es ist erforscht, dass auch nur eine ganz spezielle Art Mensch einen Beruf mit solch einem Hintergrund überhaupt in Erwägung zieht. Das soll gar nicht abwertend klingen, aber zum großen Teil sind es Menschen, die in ihrer Kindheit wenig Aufmerksamkeit oder Zuneigung bekommen haben, Menschen, die wenig Selbstwertgefühl haben. Ich möchte nicht alle über einen Kamm scheren, aber folgende Geschichte kann damit zu tun haben.

Mir ist jedoch wichtig, dass du weißt, dass ich niemals rachsüchtig bin, nur ein kleines bisschen Schadenfreude habe ich sicher irgendwie in mir, aber wirklich in Maßen. Ich glaube daran, dass jeder bekommt, was er verdient.

Engel sollten, so finde ich, immer dann eingesetzt werden, wenn wirklich Not am Mann ist, in Situationen, die wirklich schwierig sind, in denen es um viel geht! Aber wie schon so oft beschrieben, ab und zu tut es gut zu wissen, dass man Engel auch in kleinen, feinen Alltagssituationen einsetzen kann – und auch ruhig soll. Engel bei der Parkplatzsuche, das funktioniert eindeutig. Ich glaube schon, dass Engel durchaus Spaß verstehen, und ich bin mir sicher, dass sie sogar ein bisschen fies sein können, ohne jedoch bösartig zu werden. Bestimmt macht es ihnen ein wenig Spaß, ironisch zu sein, und auch für kleine harmlose »Racheakte« lassen sie sich dann gut einsetzen. Ich weiß schon jetzt, dass es ein paar Fachleute gibt, die sich seit Jahren mit Engeln auseinandersetzen und denen sich bei solchen Aussagen die Nackenhaare aufstellen. Macht aber nichts, ich sehe das alles so und finde, dass Engel auf der einen Seite etwas Heiliges sind, auf der anderen Seite finde ich es aber auch wichtig, dass man mit Freude und Spaß mit Engeln arbeitet und sie immer dann einsetzt, wenn man es für richtig empfindet. Jeder kann frei entscheiden, an welcher Stelle er die Engel um Hilfe bittet.

Aber nun zur eigentlichen, recht witzigen Geschichte, in der meine Engel für meine Begriffe einen perfekten »Job« gemacht haben.

Ich war mit einem Bekannten aus Mailand zum Abendessen in München – im Trader Vic's, Bayerischer Hof – verabredet. Er war nur für einen Tag zu Besuch. Ursprünglich wollte ich mit meinem Freund essen gehen, doch dieser Spontanbesuch freute mich so, dass ich meinem Freund dieses Essen absagte. Er wohnte in der Nähe der Münchner Oper, und ich versprach, ihn nach dem Abendessen abzuholen, um gemeinsam den Rest des Abends zu verbringen.

An dem Abend war gerade »Blade Night« in München, und tausende Rollschuhfahrer waren in der ganzen Stadt unterwegs; dementsprechend waren immer wieder ganze Straßenzüge gesperrt. Ich machte mich ein bisschen hübsch, setzte mich ins Auto, aber in der Nähe des Hauptbahnhofes in München war dann Ende Gelände. Nichts ging mehr, die Straßen waren abgesperrt. Ich sah ein paar Meter vor mir die Masse von Bladern und wusste, dass ich an dieser Straße an der Ampel warten musste. Vor mir stand ein weißer BMW. Der Fahrer winkte irgendeinen Aufpasser in orangefarbener Jacke zu sich und unterhielt sich kurz mit ihm. Ein paar Sekunden später stellten sich zwei Aufpasser auf die Straße, stoppten die Nachtsportler, die Ampel wurde grün und der BMW fuhr los; ich ihm natürlich brav hinterher. Nach circa 200 Metern, ich stand schon an der nächsten Ampel, hielt der weiße BMW rechts neben mir. Der Fahrer ließ die Fensterscheibe runter und machte mir Zeichen, dass er mit mir reden wollte. An dem Abend hatte ich mir das Porsche Cabriolet meines Freundes ausgeliehen und dachte sofort, der Typ würde mich jetzt wegen des Autos anbaggern wollen. Ich sah, dass er neben sich noch einen Kumpel sitzen hatte – na toll, zwei Aufreißer, die spitz auf 'ne Porschemaus waren, wie billig. »Wenn die wüssten, dass der Wagen weder mir gehört noch ich mir jemals im Leben so ein schickes Auto leisten könnte – und ich normalerweise noch drei Kinder im Schlepptau habe«, dachte ich. Ich sehe es nicht als Kompliment, sondern fast als Beleidigung, nur wegen eines Autos angequatscht zu werden – aber wegen meiner drei tollen Kinder … Das wär's doch mal!

»Sagen Sie mal, warum fahren Sie uns denn hinterher?«, fragte mich der Typ – und das dann auch noch in einem eher unfreundlichen Ton. Ich zuckte mit den Schultern und entgegnete lässig: »Was soll denn diese blöde Frage? Ich fahre ihnen nicht hinterher. Die Ampel war grün, also bin ich ganz normal losgefahren!« Der Mann, der eher aussah wie ein BWL-Student, gab sich dann leider als Zivilpolizist zu erkennen und fragte, ob ich das bei der Führerscheinprüfung nicht gelernt hätte, dass ich bei einer »Blade Night« nicht einfach über die Straße fahren dürfte. Erst schluckte ich, denn Polizei ist ja immer ein bisschen furchteinflößend, aber dann setzte ich mein freundlichstes Lächeln auf und erklärte im bestimmten Ton: »Sorry, aber als ich den Führerschein gemacht habe, gab es noch keine ›Blade Night‹, und wenn eine Veranstaltung von den Aufpassern gestoppt wird, die Ampel grün ist und der Wagen vor mir losfährt, gehe ich davon aus, das alles OK ist.« Der Zivilpolizist schaute mich an und erwiderte, dass die Straße noch keineswegs freigegeben und nur sie als Polizisten hätten fahren dürfen; das Ganze würde mir jetzt normalerweise auch noch Punkte bringen, aber sie würden nochmal ein Auge zudrücken, und ich solle mir das für die Zukunft merken!

Ich war ziemlich genervt; wie hätte ich verdammt nochmal sehen sollen, dass im Wagen Polizei ist, und wer von euch Lesern hat bei der Führerscheinprüfung so eine Fragestellung gehabt?

Ich fuhr weiter zu meiner Verabredung. Wir hatten einen recht lustigen Abend, und ich trank vier Cocktails namens Skorpion (wie mein Sternzeichen), ich glaube in jedem Fall so viel, dass ich eine Alkoholkontrolle mit 0,5 Promille-Grenze nur ganz knapp bestanden hätte. Ich hatte aber meinem Freund versprochen, dass ich ihn im Anschluss an mein »Date« noch abholen würde. Es war ausgemacht, dass wir uns vor der Oper in München treffen. Also nahm ich blöde Nuss dann doch noch das Auto und setzte mich hinter das Steuer des Porsche. Es war noch sehr warm draußen; so öffnete ich auch noch das Verdeck und legte die vier Blumen, die es zu jedem Skorpion-Cocktail gibt, vorne ins Auto. Es ging alles wirklich gut. Sicher und schnell fuhr ich die fünf Minuten um den Block bis zur Oper. An der Haltezone der Oper stellte ich den Motor aus und wartete auf meinen Freund. Kurze Zeit später hielt wieder ein weißer BMW neben mir, und dieselbe nervige Stimme von vorhin sagte: »Guten Abend, Sie dürfen hier nicht stehen bleiben!« Ich erwiderte nur ein erstauntes: »Hallo, wir kennen uns doch schon. Sie haben mich doch eben schon mal zusammengestaucht, als ich Ihnen hinterhergefahren bin!« Der Beamte war in diesem Moment doch ein wenig verwirrt und stammelte ein: »Stimmt, wir hatten vorhin ja schon mal das Vergnügen!« Er war nicht wirklich erfreut, mich zu sehen.

Es ist ja nicht so, dass München ein kleines Dorf ist, wo man sich ständig über den Weg läuft und jeder jeden kennt. Die bayerische Landeshauptstadt zählt stolze 1,3 Millionen Einwohner und circa 2850 Polizisten. Und dann sieht man sich plötzlich zwei Mal in fünf Stunden, wohingegen ich manchen Münchner Bekannten nur alle paar Jahre mal per Zufall begegne …

Als ich ihm dann noch entgegenflötete, dass ich durchaus hier stehen dürfte und ja sowieso nur jemanden abholen wollte, fing er an, sich richtig ins Zeug zu legen: »Kann es sein, dass Sie das Buch der Rechtsirrtümer gelesen haben?« Ich bejahte, überzeugt, im Recht zu sein. »Aber da steht nicht drin, dass ich in einer Haltezone, solange ich im Auto sitze, nicht stehen darf.« Er schmunzelte und meinte: »Kann es sein, dass es sich bei der Ausgabe um die von April 2004 handelt?« Da schaute ich superblöd aus der Wäsche – auch noch belesen der Gute, sogar mit Jahres- und Monatsangabe. »Dann sollten Sie mal die neue Ausgabe lesen, in der sich die Gesetze wieder geändert haben!«

So weit, so gut, bis dahin war das alles ja noch irgendwie spaßig, aber dann kam er wieder mit einem »Blondie, ich erkläre dir die Welt« -Ton, und das machte mich unglaublich sauer. Was bildete der sich denn überhaupt ein? Gut, ich stand falsch oder auch nicht, was weiß ich, sollte er mir doch endlich einen Strafzettel geben oder auch nicht, meine Laune war auf null. Dann fiel mir aber plötzlich ein, dass ich doch etwas getrunken hatte und es klüger wäre, mich devot und eher mucksmäuschenstill zu verhalten. Genau in diesem Moment schickte ich die ersten Stoßwünsche in Richtung Viktor und Thaddäus. »Könnt ihr jetzt bitte mal was tun? Könnt ihr mir diese Typen irgendwie vom Hals schaffen?« Dazu kam, dass ich eine noch viel dringendere und flehendere weitere Bitte zu meinen Engeln schicken musste, die ich in meiner süß-säuerlichen Verfassung ja fast vergessen hatte; ich hatte dummerweise noch Alkohol getrunken und brauchte meinen Führerschein! Hier sei mal kurz angemerkt: Nein! Bitte nicht nachmachen! Ich finde es selbst ziemlich übel, wenn mir Freunde erzählen, dass sie gefahren sind, obwohl sie etwas getrunken haben. Die müssen sich dann auch ordentlich etwas von mir anhören, denn ich heiße das wirklich nicht gut. Ich weiß auch nicht mehr genau, was mich damals geritten hat, aber ich wusste auch, dass ich das in der Form sicher nie wieder machen würde und halte mich seither daran. Ich versprach auch meinen Engeln, dass ich, wenn das gut ausgehen würde, so eine Dummheit nie wieder begehen würde ... und und und.

Mittlerweile war zwischen den Polizisten und mir eine recht große Diskussion im Gange. Ich fragte mich die ganze Zeit, wo zum Geier mein Freund eigentlich blieb. Dann war es so weit, ein großer, dunkler Schatten baute sich vor dem weißen BMW auf. Mein damaliger Freund ist 1,90 Meter groß und schon eine sehr nette und eindrucksvolle Erscheinung. Er dachte nun, dass ich von zwei Typen einfach so angemacht würde und polterte auch gleich nach dem Motto los: »Hallo Jungs, gibt's ein Problem?« Bevor er zu weiteren Bemerkungen ansetzen konnte, flüsterte ich sehr schnell und zischend: »Das ist die Polizei!« Dann sah er vorne im Porsche die Blumen liegen und kapierte sofort, dass ich etwas getrunken hatte. Er verwickelte die Polizisten für ein paar Sekunden in oberflächliches Gequatsche, das mir Zeit gab, aus dem Auto auszusteigen, den Schlüssel abzuziehen und ihm von hinten in die Hosentasche zu schmuggeln – eine ziemlich groteske Situation, wenn ich nur darüber nachdenke. Ich war erleichtert und müde. Mittlerweile waren auch beide Polizisten aus dem Auto gestiegen, der Kollege sah übrigens verdammt gut aus, und eine muntere Diskussion kam in Gang. Wieder schickte ich eine Bitte zu meinen Engeln und hoffte, dass sie sich langsam mal in Gang setzen und mich irgendwie aus dieser Situation befreien würden! Ungelogen – ein paar Sekunden später sah ich, wie aus der Motorhaube des Dienstwagens ein wenig weißer Rauch aufstieg, der nicht gerade gesund aussah. Ich machte die beiden Polizisten darauf aufmerksam. Sie ignorierten mich erst, und innerlich hatte ich zu diesem Zeitpunkt schon so richtig Spaß, denn irgendwie hatte ich die Vermutung, dass hier gerade Viktor und Thaddäus am Werk waren. Noch war es aber zu früh, um das wirklich zu bestätigen.

Die Rauchentwicklung am BMW wurde nun immer heftiger. Wieder sagte ich den beiden Beamten Bescheid. Sie meinten, das wäre schon in Ordnung, und redeten weiter auf uns ein. Klar, wenn Rauch am Auto immer stärker wird, dann ist alles in Ordnung! Selbst mir als jemandem, der sich nicht mit Autos auskennt, wird an dieser Stelle klar, dass hier doch mal langsam gehandelt werden müsste! Der Vorplatz der Oper war bereits ein wenig in weißen Nebel getaucht, und nun reagierten die beiden Beamten. Sie gingen in Richtung Motorhaube, öffneten sie, und an der Stelle griff ich ein. Ich bot den beiden einen alten Mantel an, den ich noch im Kofferraum hatte. Mit diesem hätten sie ja dann vorsichtig den Kühler aufmachen können, und wenn Wasser rausgespritzt wäre, hätte es wenigstens keine üblen Verbrennungen gegeben – so heiß wie Kühlwasser schließlich ist, wenn der Kühler schon kocht!

Aber klar, so zivile Polizisten müssen ja hart im Nehmen sein, und daher nahmen sie auch mein Angebot mit dem Mantel nicht an. Ich flippte innerlich völlig aus vor Freude und konnte kaum glauben, was hier geschah. Da hatten mich die beiden »Schätze«, also meine Engel, doch mal wieder gehört und waren mal ganz anders zur Stelle, um mir aus der doch etwas misslichen Lage zu helfen!

Dann kam das große Finale: Die beiden Ordnungshüter machten ganz auf lässig und schraubten wirklich den Kühlerdeckel auf. Was dann passierte, war ja nun wirklich sonnenklar: Eine zwei Meter hohe Wasserfontäne ging über die beiden nieder, allerdings bekamen wir alle, die wir in der Nähe standen, eine ganz ordentliche, heiße Dusche ab. Den Polizisten stieg die Röte ins Gesicht, und sie sagten wirklich keinen Ton mehr. Daher ergriff ich die Gelegenheit, um mich von unseren beiden Freunden zu verabschieden. Und siehe da – sie ließen uns tatsächlich endlich gehen!

Mein Freund und ich stiegen ins Auto, und ich brach fast zusammen vor Lachen, denn das Letzte, was ich ziemlich kleinlaut von einem der beiden Beamten hörte, war, dass er per Funk einen Abschleppwagen orderte – nicht für ein falsch geparktes Auto, sondern für das eigene Dienstfahrzeug! Ihr könnt euch sicher vorstellen, wie ich das innerlich gefeiert habe! Bei mir brachen alle Dämme, ich jubelte und feierte laut vor mich hin. Mein Freund verstand die Welt nicht mehr. Da holte er mich gerade aus einer eher unguten Situation, und ich lachte einfach vor mich hin. Natürlich erzählte ich ihm gleich, dass es sich bei dem »Treffen« schon um das zweite Wiedersehen an dem Abend gehandelt hatte, was er erst nicht wirklich glauben wollte. Er kannte aber mich sowie meine vielen kleinen merkwürdigen Situationen, in denen ich oft feststeckte, mittlerweile doch recht gut.

Engel können also auch durchaus Helfer in der kleinen Not sein. Sie erkennen alle Situationen und helfen, wenn es angemessen ist. Für mich haben sie wirklich Humor, ja vielleicht sogar ein wenig den Schalk im Nacken, davon bin ich wirklich überzeugt. Natürlich hatten Viktor und Thaddäus auch die eindeutigen Zeichen der Zeit verstanden und legten die Flügel des Schutzes über mich. Ich bin ja nicht einmal selbst nach Hause gefahren, mein Freund machte das. »Was wäre gewesen, wenn ...«, diese Frage sollte man sich nicht zu oft stellen, aber mir war ganz klar, wäre ich noch weiter gefahren, hätte eventuell Schlimmes passieren können!

Aber ... meine Engel hatten und haben wohl dieselbe Art von Humor wie ich! Und das muss auch so sein, denn noch einmal: Engel sind etwas sehr Persönliches, sie gehören zu dir. Daher werden sie immer auch Züge an sich haben, die du sicher von dir selbst am besten kennst. Hier schließt sich also der Kreis. Engel sind immer in gewisser Weise ein Teil von dir, und sie werden es immer bleiben!

In diesem Sinne: Glaube an deine Schutzengel, aber: Don´t drink and drive!

Gespräch mit einem Freund

Wenn ihr glaubt, dass ich nur Freunde habe, die meine »Engel-Leidenschaft« uneingeschränkt teilen – weit gefehlt! Dem ist natürlich nicht so. Als ich die Idee zu diesem Buch hatte, habe ich mit einigen meiner engsten Freunde darüber gesprochen. Sie alle wissen mehr oder weniger von meiner Arbeit mit Engeln, aber teilweise sind sie, was ja auch in den Zeitgeist passt, doch ein wenig skeptisch. Ich habe trotzdem erst einmal alle Geschichten gesammelt, aufgeschrieben und sie teilweise mit meinen engen Freunden besprochen. Sie alle kennen mich ja nun schon etwas länger und haben die ein oder andere Geschichte mit meinen Engeln, meine Unfälle oder andere merkwürdige Situationen mitbekommen. Vor ein paar Tagen war ich auf einer Party, und die Bild-Zeitung fragte mich, was ich gerade mache, ob wieder eine Fernsehsendung geplant sei oder was die Musik so mache. Ich erzählte von meinem

Engelbuch – und ihr hättet mal die Gesichter sehen sollen! Ein Engelbuch? Von dir? Damit hatte der Journalist scheinbar nicht gerechnet, geschrieben haben sie aber dann doch darüber.

So ist es mir oft ergangen; immer wenn ich über meine Engel gesprochen habe, kam zunächst eher ein mitleidiges Lächeln, dann aber fanden es die Leute doch spannend, sich damit mehr oder weniger auseinanderzusetzen. Für mich ist es immer wieder interessant zu sehen, dass selbst manche großen Skeptiker irgendwann so weit sind, ihre Zweifel zu überdenken, und zugeben können, dass manche »Rechnung« mit den Schutzengeln aufgeht. Dass die Parkplatzsuche besser klappt, das haben schon viele meiner Freunde und auch Familienmitglieder begriffen, weil sie es selbst erlebt haben, wenn sie mit mir unterwegs waren.

Ich habe einen guten, sehr kritischen Freund vor einiger Zeit in meinem Lieblingsrestaurant getroffen, weil ich mit ihm über mein Vorhaben, dieses Buch zu schreiben, reden und ein bisschen abtasten wollte, wie verrückt, ehrlich oder sympathisch ich mit dem Geschriebenen rüberkomme. Ich habe das Gespräch extra aufgezeichnet, weil ich die Idee gut finde, euch an meinen eigenen Zweifeln und Reflexionen teilhaben zu lassen. Ich habe es vorgezogen, seinen Namen nicht zu erwähnen, weil mir wichtiger ist, was er zu sagen hat.

Giulia: Wir kennen uns jetzt schon eine längere Zeit, und du bekommst ja mit, dass ich an Engel glaube. Manchmal hörst du sogar, wenn ich mit den beiden laut spreche. Was ist das denn für ein Gefühl für dich? Was denkst du, wenn ich das mache?

Freund: Giulia, du weißt, dass ich nicht derjenige bin, der mit Engeln arbeitet. Ich glaube auch nicht unbedingt an Engel, obwohl ich mir sicher dein Buch durchlesen werde, aber mehr dir zuliebe. Eines ist aber für mich ganz klar: Man merkt dir an, dass es dir scheinbar unheimlich gut tut, wenn du mit Viktor und Thaddäus kommunizierst, das spürt man, du bist dann wirklich glücklich und sehr viel ausgeglichener, und alleine das ist es doch schon wert, egal was andere sagen!

G: Aber wenn ich so laut mit ihnen spreche, und andere bekommen das mit … Denkst du, die halten mich für total bescheuert?

F: Natürlich denken das viele. Das denken manche aber auch von dir, obwohl sie dich nicht kennen. Du polarisierst eben mit vielem. Ich mag dich sehr, weiß deine Freundschaft zu schätzen und habe schon einen gewissen Respekt vor deiner Ehrlichkeit und dass du so offen mit dem Thema umgehst. Den Mut muss man erst einmal haben. Und sicher gehört noch mehr Mut dazu, in der Anwesenheit Dritter mit den Engeln zu sprechen, sie um etwas zu bitten, denn das ist ja schon etwas sehr

Persönliches! Dazu kommt, dass es anmaßend wäre, mir da ein Urteil zu erlauben. Wenn du von den Engeln erzählst, wenn ich mitkriege, wie du dich damit beschäftigst, dann berührt mich das sehr! Eigentlich ist es mir fast egal, ob sich jemand mit Engeln oder Gott oder mit der Psyche beschäftigt. Wichtig finde ich, dass es Menschen wie du schaffen, etwas für sich selbst zu tun. Dass es in deinem Fall deine Engel sind, macht es für mich manchmal nicht ganz einfach, weil ich das alles nicht immer greifen kann, aber am Ende finde ich es toll, dass du so zu diesem Thema stehst.

G: Glaubst du, dass meine Leser verstehen können, was ich mit dem Buch mitteilen möchte? Ich bin ja kein Hellseher, Astrologe oder Engelprofi. Na ja, es gibt sicher jede Menge Methoden, wie man mit den Engeln arbeiten kann ...

F: Schon, aber so wie du das machst, hat das eine gewisse Normalität. Du machst keinen Riesenzauber daraus, stellst in der Wohnung keine Räucherstäbchen auf und machst keinen Regentanz. Der Glaube an die Engel ist für dich Alltag, das läuft eben so mit wie Wäsche waschen oder kochen, es hat die Natürlichkeit, die du an den Tag legst; deshalb fangen auch immer mehr Menschen aus deinem Umfeld an, sich mit dem Thema zu beschäftigen – ist doch super so! Und wenn Leser tiefer einsteigen wollen, gibt es genügend Fachliteratur dazu.

G: Wenn du das alles so erlebst, und du kriegst das ja echt oft mit, was meinst du, hilft mir das eher mental oder nur bei der Parkplatzsuche, oder glaubst du, dass ich mir das alles auch ein wenig einbilde?

F: Sowohl als auch! Gut, das mit der Einbildung ist natürlich Quatsch. Du bist eine erwachsene Frau, stehst mit beiden Beinen im Leben. Ich denke, dass es dich vor allen Dingen mental sehr unterstützt. Du bist ständig unterwegs, machst unheimlich viel Verschiedenes, Beruf, deine drei Kinder, hast immer die Ruhe weg und genug Kraft für alles! Alleine dein starker Glaube bringt dich in gewisser Weise runter. Ich denke, du holst dir so deine Mitte zurück. Ich würde wohl schon ein wenig komisch gucken, wenn bei dir in der Wohnung nur noch Schreine stehen würden und du jeden Tag beten würdest. Aber ich sehe es ganz klar so, dass du dir auch für den Alltag Kraft daraus ziehst.

G: Ich will jetzt keine Bestätigung von dir, keine Lobhudelei, aber wie schätzt du denn meine Trefferquote ein? Nehmen wir mal das banale Parkplatzbeispiel. Finde ich öfter und schneller einen Parkplatz als die, die nicht mit Engeln sprechen? Wie würdest du das einschätzen?

F: Du hast es selbst schon gesagt, das Parkplatzding ist wirklich banal. Nicht im Sinne von einfach nachzumachen, sondern das sind ja eben diese kleinen Dinge, die in deinem Alltag scheinbar zeigen, dass es durchaus

Sinn macht, sich mit Engeln zu beschäftigen. Ich würde schon sagen, dass deine Trefferquote weit über 50 Prozent liegt. Viel wichtiger finde ich, dass deine Quote auch da hoch ist, wo viele andere Menschen, die sich nicht mit ihren Engeln beschäftigen, vielleicht schon tot wären! Ich habe damals ja die Geschichte mitbekommen, als du dich fünf Mal mit dem Auto überschlagen hast. Entweder geht man dabei drauf, oder man ist zumindest schwer verletzt. Dass dir nichts passiert ist, ist ein Wunder! Und irgendwoher muss die Redewendung »Da hast du aber mindestens einen Schutzengel gehabt« ja kommen ... Und durch die Fülle deiner recht schweren Unfälle ist mir schon ganz klar, dass es da irgendwas geben muss, das dich beschützt. Das hat für mich nichts mehr mit Glück zu tun, da ist eindeutig mehr notwendig. Und wenn es für dich die Engel sind, dann soll es eben so sein!

G: Nervt es dich, wenn ich laut »danke Viktor« sage, weil ich gerade mal wieder glaube, Unterstützung bekommen zu haben? Hast du den Eindruck, dass ich mich ein bisschen im Thema »Engel« verliere, die Realität ein wenig verliere oder links liegen lasse?

F: Absolut null, nein, gar nicht! Es ist ja nicht so, dass du ständig laut kommunizierst. Es ist nicht so, dass wir drei Stunden zum Einkaufen brauchen, nur weil du vor jedem Regal die Engel befragst, ob du nun rote oder grüne Paprika kaufen sollst. Und das finde ich ja so toll!

Du machst das einfach ganz alleine für dich selbst. Jedenfalls kommt mir das so vor. Nur ganz selten sprichst du in meiner Anwesenheit laut mit den Engeln, daher stört es mich überhaupt nicht. Außerdem weiß ich ja, dass dir das sehr gut tut. Du bist nicht eine von denen, die den ganzen Tag über Engel spricht und versucht, andere zu bekehren. Da du jemand bist, der schon sehr auf dem Boden der Tatsachen geblieben ist, sehe ich auch überhaupt keine Gefahr, dass du deinen Job aufgibst und den ganzen Tag nichts anderes machst, als die Orakel zu befragen oder eben die Engel.

G: Nachdem wir ganz offen über Engel und auch über die Geschichten gesprochen haben, die im Buch erscheinen sollen, meinst du, dass es immer Zufälle waren, oder glaubst du, dass es vielleicht doch etwas mit den Engeln zu tun hat?

F: Ich bin da sicher so wie viele. Die meisten Menschen versuchen immer, alles zu erklären. Dinge, die unheimlich oder nicht sofort logisch zu erklären sind, die werden abgetan, man nimmt sie nicht ernst. Bei dir war ich mir auch nicht immer sicher, wenn ich ehrlich bin. Schau, wenn du abends noch gesagt hast, dass du mit Freundin XY telefoniert hast, und du glaubst, dass am nächsten Tag das oder das passieren wird, dann ist das ja meistens auch so eingetroffen. Ich dachte lange Zeit, dass du vielleicht so etwas hast wie einen siebten Sinn, dass du vielleicht einfach eins und eins zusammenzählst, und weil du deine Pappenheimer kennst, war deine Trefferquote tatsächlich ganz gut. Heute denke ich da ein bisschen anders drüber. Es kann sehr gut sein, dass die Engel damit schon ein bisschen zu tun hatten. Ich kann mir vorstellen, dass es für dich wirklich keine Zufälle gibt und dass dir die Engel schon sehr genau sagen können, was passiert, auch wenn es teilweise recht heftige Angelegenheiten sind, keine Frage!

G: Nun mach es nicht so dramatisch! Es sind ja nicht immer Schicksalsschläge, Unfälle, was weiß ich. Erinnere dich doch mal an das spezielle Gemüse, das ich zwölf Jahre vergeblich in Deutschland gesucht habe ...

F: Stimmt, da war was, ich kann mich erinnern. Du hast dieses Gemüse ewig gesucht, und nicht einmal beim »Käfer« konnten sie es besorgen, und die können normalerweise echt alles irgendwo auftreiben. Und dann hast du es doch dort bekommen. Na ja, kann ja sein, dass zufällig eine Lieferung kam ...

G: Siehst du ... Bei den kleinen Dingen, die mir passieren, da bist du doch noch skeptisch. Die ganze Geschichte war so: Ich habe zwölf Jahre lang alle Gemüsehändler aller Nationen in München verrückt gemacht, mir dieses spezielle Gemüse zu besorgen. Vor sechs Monaten schlenderte ich durch die Käfer-Gemüseabteilung und konnte es nicht glauben: Pimientos de padrón ... Vier Kilo dieser kleinen grünen, süß-scharfen Paprika lagen vor mir. Du weißt selbst, wie lange ich danach gesucht habe. Jedes Mal wenn ich auf den Balearen war, habe ich die Supermärkte durchstöbert und massenweise davon mit nach München gebracht und eingefroren ... Jetzt kann ich endlich eines meiner Lieblingsgerichte kochen, wann immer ich will. Vielleicht war das ja auch ein kleiner Wunsch, der mir erfüllt wurde und mich im richtigen Moment in den Feinkost Käfer führte. Ich bin maximal drei Mal im Jahr dort, da er für mich als Supermarkt nicht wirklich in Frage kommt und zu teuer ist. Kleine Schleckereien für mich alleine hole ich mir manchmal aber ganz gerne dort.

Mal eine andere Frage: Wie oft hast du mich in der Weihnachtszeit schon verletzt gesehen?

F: Sorry, da muss ich echt lachen. Immer so zwischen dem 10. und 20. Dezember hast du irgendeine Verletzung, ein kaputtes Knie zum Beispiel. Das ist wirklich auffällig. Seit wir uns kennen, ist das so, und ich habe mich schon wirklich oft gefragt, warum ausgerechnet immer in dieser Zeit!? Gut, kann ja sein, dass du dann immer schon Weihnachten im Kopf hast und nicht wirklich aufpasst, wohin du deine Füße setzt oder so.

G: Nein, das hat damit überhaupt nichts zu tun. Seit ich denken kann, kriege ich zwischen dem 14. und 19. Dezember nicht wirklich einen guten Draht zu meinen Engeln. Ich bin mir heute ziemlich sicher, dass Viktor und Thaddäus dann wichtigere Aufgaben zu lösen haben, dass ihre ganze Kraft an anderer Stelle benötigt wird. Da sie nicht immer überall sein können, müssen sie Prioritäten setzen. Es kann aber auch sehr gut sein, dass ich dabei etwas lernen soll. Vielleicht ist es wirklich ein Zeichen, mal selbst auf mich aufzupassen, dass mir eben in dieser Zeit nichts passiert. Ich weiß, dass ich bei dieser Angelegenheit noch so einiges zu lernen habe!

F: An was sollen deine Leser glauben?

G: Ich hoffe, dass sie an irgendetwas glauben, ob es jetzt unbedingt Engel sind oder nicht, das ist egal. Irgendetwas, was Kraft und Hoffnung geben kann. Glaube kann Berge versetzen, Placebos können heilen. Wer das versteht, ist schon einen großen Schritt weiter.

F: Klar, in dem Punkt gebe ich dir absolut Recht. Fast jeder greift für sich ganz persönlich ab und zu mal in die »Mystik-Kiste«. Ich nenne das deshalb so, weil das ja echt ein weites Feld ist. Ich bin immer wieder erstaunt, wie viele Menschen, die ich alleine kenne, sich mit solchen Dingen auseinandersetzen, nur stehen sie nicht so ganz dazu, machen eher ein Geheimnis daraus. Ich kenne nur wenige, die sich »outen« und ganz offen über das reden, an das sie da glauben. Scheinbar ist das wirklich noch ein Tabuthema, weil die Leute Angst haben, dass sie da irgendwie in eine Schublade gepackt werden nach dem Motto »Der oder die hat sie ja nicht alle«.

Gerade Leute, die vielleicht sehr erfolgreich im Job sind, bangen dann recht schnell um ihr Standing. Vielleicht ist das Thema einfach erst ganz am Anfang ...

G: Und genau deshalb schreibe ich ja ein Buch. Vielleicht kann es ein bisschen dazu beitragen, dass sich ein paar mehr Menschen einfach trauen, dazu zu stehen. Ich weiß zum Beispiel, wo du gerade Menschen ansprichst, die sehr erfolgreich oder bekannt sind, dass viele mit ganz vielen Modulen arbeiten. Einige lassen sich ihre Büros nach Feng Shui einrichten, ja ganze Firmen sind so aufgestellt. Die Unternehmenschefs glauben daran, dass das wirklich auch was für den »Flow« im Unternehmen bringt. Andere wiederum haben einen Personal Coach, der sie immer wieder aus Krisen holt, der ihnen sagt, wie sie mit verschiedenen Dingen besser umgehen können; dann gibt es andere, die sich regelmäßig Reiki-Behandlungen unterziehen, Yoga ist für viele gestresste Manager eine gute Möglichkeit zu entspannen. Und alleine der Glaube daran hilft!

F: Die meisten glauben an Gott, das steht außer Frage. Der Fairness halber muss man natürlich sagen, dass die Kirche hier einen enormen »Vorsprung« hat, denn da steckt ja nun eine Institution dahinter, die über 2000 Jahre alt ist. Das Thema »Engel« ist deutlich jünger, ich möchte beides auch nicht miteinander vergleichen, aber auch in der Bibel kommen Engel vor. Daher gibt es schon mehr oder weniger einen direkten Link.

G: Im Allgemeinen sind ja die Frauen eher die »Spirituellen«. Wieso ist es für Männer schwerer, an nicht wissenschaftlich Bewiesenes zu glauben?

F: Weißt du, vielleicht gibt es dann eben doch einfach auch einen Unterschied zwischen Mann und Frau. Männer sind viel »mathematischer«. Das bedeutet, dass wir Männer vielleicht einfach für alles eher eine Erklärung brauchen, Dinge greifen müssen, alles muss ein bisschen logisch erklärbar sein. Frauen sind da wirklich anders, sie lassen sich viel mehr auf Dinge einfach mal ein. Auch »passiv« und »aktiv« spielen gerade zwischen uns eine Rolle und machen den Unterschied aus. Schau, ich gehe eher passiv mit meinem Glauben um. Für mich ist es einfach nicht wirklich notwendig, aktiv zu kommunizieren, wenn ich Antworten suche oder mich an diese höhere Macht wende, um Hilfe zu bekommen. Bei dir und dem Thema »Schutzengel« ist das ganz anders. Du arbeitest richtig mit deinen Engeln, du bindest sie in deinen Alltag mit ein, du sprichst laut mit ihnen. Und hier sehe ich genau den großen Unterschied! Mag sein, dass es für dich auch deshalb einfacher ist, Hilfe zu bekommen. Alles, was man aktiv tut, kann man selbst steuern. Ich mit meinem Passivverhalten mache das eben im stillen Kämmerlein, brauche deshalb vielleicht ein wenig länger, komme aber dennoch auch ans Ziel.

G: Das kann sehr gut sein. Und da sehe ich auch einen großen Unterschied. Gerade Männer haben noch immer größere Schwierigkeiten, offen über das zu reden, was sie beschäftigt. Scheinbar ist es noch immer so, dass sich Männer das nicht so recht trauen, weil sie Angst haben, dann als schwach dazustehen. Ich finde es schon erstaunlich, dass du jetzt so offen darüber sprichst. Mir ist es im Grunde, so wie dir, völlig egal, wie Menschen sich mit sich selbst auseinandersetzen, gut und wichtig finde ich nur, dass sie es überhaupt tun! Es muss ja nicht in der Eckkneipe bei einer Runde Skat sein … obwohl ich die Vorstellung urkomisch finde – verrauchte Bar, Stammtisch, Bier, Schnäpse und vier betrunkene Männer, die sich gegenseitig ihre Schutzengel-Erlebnisse und Eingebungen erzählen. Bei einer Homosexuellenrunde könnte es wahrscheinlich eine zweistündige Comedy-Sendung werden.

F: Hahaha ... Wobei ich es schon toll finde, wenn man so gestrickt ist wie du, denn so wie ich dich erlebe, hast du es mit den Engeln ja auch ein bisschen einfacher als andere. Du hast ein Problem, und zack! Du kannst deine Engel um Hilfe »bitten«. Das ist schon sehr faszinierend. Andere müssen dann erst einmal in die Kirche gehen, der Aufwand ist viel größer. Außerdem habe ich selten jemanden erlebt, der extra in die Kirche gegangen ist, weil er einen Parkplatz brauchte ... Spaß beiseite: In jedem Fall ist mir schon mal ganz klar, dass (typische Männerreaktion) du mit deinen Engeln in jedem Fall ein Modul gefunden hast, das sehr ergebnisorientiert funktioniert. Und ich glaube daher schon, dass das etwas ist, was für viele Menschen von großer Bedeutung sein kann!

G: Danke dir, mir gefällt deine Einstellung supergut. Ich hoffe, dass einige diese mit dir teilen und sich über meine freuen.

F: Ich danke auch dir! Vielleicht können ein paar deiner Leser mit unseren Argumenten etwas anfangen. Vielleicht sind diese Leute dann eher in der Lage, sich intensiver als bis jetzt mit ihren Schutzengeln auseinanderzusetzen. Wart's ab, irgendwann werden wir noch einmal darüber sprechen, und dann bin auch ich bestimmt ein ganzes Stück näher an den Engeln dran!

Giulias »Last Words«

Es liegen nun einige Monate hinter mir. Das war eine sehr intensive Zeit. Während ich dieses Buch geschrieben habe, sind mir so einige Begegnungen eingefallen, die ich hier noch gar nicht aufgeschrieben habe. Ich habe selten so viel und so oft über meine Engel nachgedacht. Auch während ich dieses Buch auf den Weg brachte, habe ich oft mit Viktor und Thaddäus gesprochen.

Häufig war es wie eine Reise in meine Vergangenheit, immer wieder kamen Bilder und Erlebnisse in mir hoch, die ich schon fast vergessen hatte oder am liebsten vergessen wollte. Ich kam nicht umhin, in einigen Geschichten sehr persönlich von mir zu erzählen. Es sind dadurch mehr kleine private Einblicke in mein Leben geworden, als ich ursprünglich geplant hatte. Manches musste ich aber erzählen, um erklären zu können. Verschiedene Orte und Zeiten habe ich geändert, um

Privates ein bisschen zu schützen, das ändert aber nichts an dem Geschehenen und an meinem Glauben.

Wie ihr wisst, ist es für mich immer schwer loszulassen, gerade wenn mir etwas sehr nahesteht. Auch dieses Buch gehört ganz sicher dazu. Das Schreiben hat einen großen Raum eingenommen, nicht nur zeitlich, sondern auch seelisch. Es ist ein bisschen, wie nun ein Kind loszulassen und alleine in die Welt zu schicken.

Ich kann euch nur dazu raten, keine Angst vor Offenheit zu haben. Und wieder gibt es hier einen kleinen Appell an euren Mut: Habt den Mut, eure eigenen Schutzengel zu finden, steht dazu, rechtfertigt euch nicht, lasst die Dinge einfach einmal geschehen – und schaut euch in Ruhe an, wie sich das anfühlt.

Eines werdet ihr ganz sicher feststellen: Je mehr ihr über eure Schutzengel sprecht, und gerade dann, wenn ihr das sehr aktiv tut, werdet ihr auch ernst genommen. Als Beispiel kann ich nur wieder die Bild-Zeitung anführen. Man kann über dieses Blatt denken, was man will, aber eines fand ich schon fast erstaunlich: Als ich dem Redakteur von diesem Buch erzählte, dachte ich mir im selben Moment: »Autsch, Giulia, hast du jetzt nicht zu viel erzählt? Wie werden die jetzt bloß darüber schreiben? Stempeln sie dich als total durchgeknallt ab, und stellen sie das genauso dar?«

Aber: Sie haben informativ berichtet! Scheinbar sind die Macht und die Kraft meiner Engel so groß, dass ein sehr positiver Artikel daraus geworden ist. Und das bestätigt unter anderem meine These: Spätestens bei einem so sensiblen Thema werden den Menschen die blöden Sprüche ein bisschen im Halse stecken bleiben, weil sie die positive Energie spüren können, die Schutzengel verbreiten. Selbst Menschen, die ein Herz aus Holz haben, werden an dieser Stelle hoffentlich zumindest ein bisschen nachdenklich. Mag sein, dass ein leichtes Lächeln auf ihren Lippen liegt, und das reicht vielleicht auch schon.

Ich bin sicher keine Weltverbesserungstante, aber ich glaube durchaus daran, dass auch kleine Dinge die Welt ein bisschen besser machen können. Wir alle haben es selbst in der Hand!

Ich lasse die Engel jetzt fliegen, genauso die Begegnungen, die ich mit Viktor und Thaddäus hatte. Ich schicke die Begegnungen mit meinen Engeln nun hinaus in die Welt und hoffe, dass ganz viele von euch die Kraft meiner kleinen Helfer bei sich selbst spüren. Es wäre wunderbar, wenn der eine oder andere von euch eines Tages sagen kann: Das, was ich heute über Engel weiß, hat damals mit dem Buch von Giulia ein kleines bisschen angefangen.

Ein besonderer Dank gilt an dieser Stelle meinen beiden Engeln Viktor und Thaddäus. Es ist jeden Tag ein großes Geschenk, euch an meiner Seite zu wissen, ich danke euch dafür!

Eure Giulia

Anhang 1

Abbildung des Engels Thaddäus

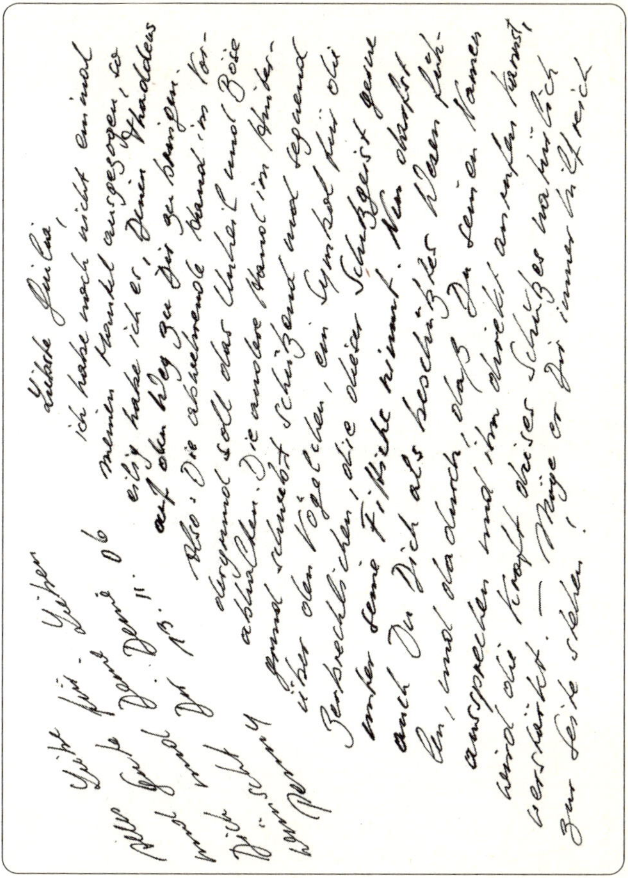
Liebste Julia,
ich habe noch nicht einmal meinen Mantel ausgezogen, so eilig habe ich es, Deinen Thaddeus auf den Weg zu Dir zu bringen.
Also: Die abwehrende Hand im Vordergrund soll das Unheil und Böse abhalten. Die andere Hand im Hintergrund schwebt schützend und segnend über den Vögelchen, ein Symbol für die Zerbrechlichen, die dieser Schutzgeist gerne unter seine Fittiche nimmt. Nun darfst auch Du Dich als beschütztes Wesen fühlen, und dadurch, daß Du seinen Namen aussprechen und ihn direkt anrufen kannst, wird die Kraft dieses Schutzes natürlich verstärkt. – Möge er Dir immer hilfreich zur Seite stehen!

Alles Liebe und Gute für Dich und Deine Lieben wünscht Dir Deine Penny 13.11.06

Widmung von Penny McLean

Anhang 2

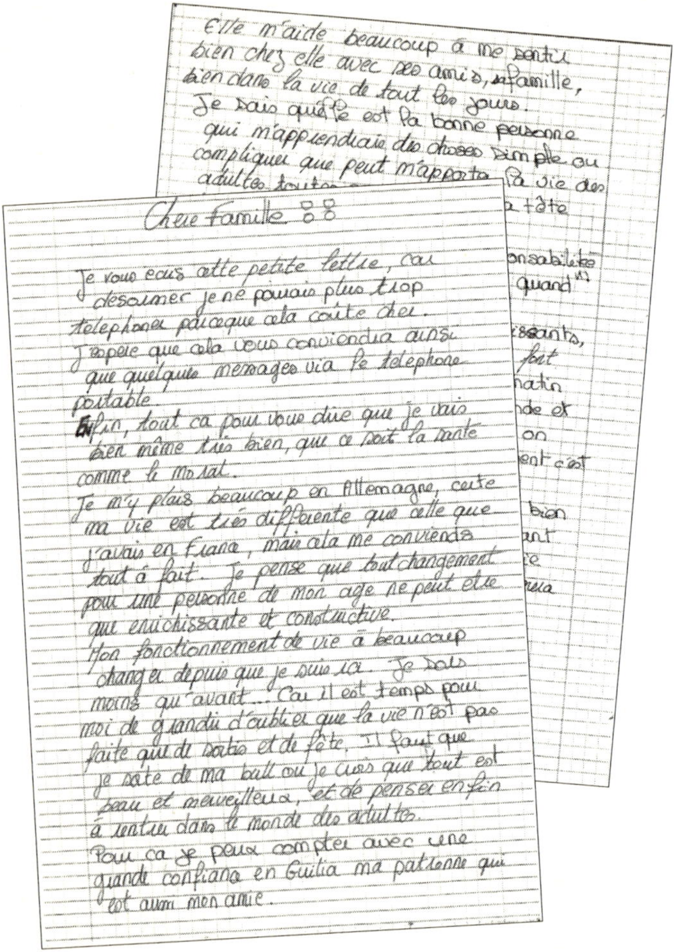

Elle m'aide beaucoup à me sentir
bien chez elle avec ses amis, sa famille,
bien dans la vie de tout les jours.
Je sais qu'elle est la bonne personne
qui m'apprendrais des choses simple ou
compliquer que peut m'apporter la vie des
adultes

Chere Famille

Je vous ecris cette petite lettre, car
desolmer je ne pouvais plus trop
telephoner parceque cela coute cher.
J'espere que cela vous conviendra ainsi
que quelques messages via le telephone
portable
Enfin, tout ca pour vous dire que je vais
bien même très bien, que ce soit la santé
comme le moral.
Je m'y plais beaucoup en Allemagne, certe
ma vie est très differente que celle que
j'avais en France, mais cela me conviens
tout à fait. Je pense que tout changement
pour une personne de mon age ne peut etre
que enrichissante et constructive.
Mon fonctionnement de vie à beaucoup
changer depuis que je suis ici. Je sors
moins qu'avant... Car il est temps pour
moi de grandir d'oublier que la vie n'est pas
faite que de sortis et de fête, Il faut que
je sorte de ma bull ou je crois que tout est
beau et merveilleux, et de penser enfin
à rentrer dans le monde des adultes.
Pour ca je peux compter avec une
grande confiance en Guilia ma patronne qui
est aussi mon amie.

Abbildung eines Briefes von Marie

Liebe Familie!!

Ich schicke euch diesen kleinen Brief, denn ich konnte nicht mehr anrufen, da das teuer ist. Ich hoffe, dies genügt euch, wie auch einige kleine Nachrichten via Handy. All das, um euch zu sagen, dass es mir sehr gut geht – der Gesundheit und auch meiner Stimmung.

Es gefällt mir gut in Deutschland, mein Leben ist sicherlich ganz anders als in Frankreich, aber das ist auch sehr gut so. Ich glaube, jede Änderung ist für jemanden meines Alters bereichernd und konstruktiv. Meine Lebensweise hat sich sehr geändert, seitdem ich hier bin. Ich weiß weniger als vorher … Es ist Zeit für mich, erwachsen zu werden und zu vergessen, dass das Leben nicht nur aus Ausgehen und Feiern besteht. Ich muss aus meiner Märchenwelt aussteigen, in der ich glaube, dass alles schön und wundersam ist, und in die Erwachsenenwelt einsteigen.

Ich glaube, ich kann großes Vertrauen zu Giulia haben, meiner Chefin, die auch meine Freundin ist. Sie hilft mir sehr, mich bei ihr wohl zu fühlen – mit ihren Freunden, ihrer Familie und im Alltagsleben. Ich weiß, dass sie die richtige Person ist, um mich die einfachen oder komplizierten Dinge zu lehren, die das Leben mit sich bringt, da sie selbst sehr praktisch ist.

Ich habe hier allerdings mehr Verantwortung als in der Armee oder im Maklerbüro, wo ich gearbeitet habe. Zeit mit ihren Kindern zu verbringen ist so bereichernd, sie sind alle drei sehr lieb und bringen mich oft zum Lachen. Ich liebe es, morgens aufzuwachen, ihre kleinen blonden Köpfe zu sehen und sie sagen zu hören, dass Essenszeit ist … Ich lerne sehr viel von ihnen, es ist wirklich entzückend.

All das, um zu sagen, dass es mir super geht. Alles, was ich jetzt brauche, ist mein Führerschein, ein hübsches Auto und einen Freund natürlich, der mich mehr liebt, als ich ihn.

Ich umarme euch alle,
Marie, die Schwester und Tochter, die euch liebt!

Auszug aus den Briefen von Marie

Anhang 3

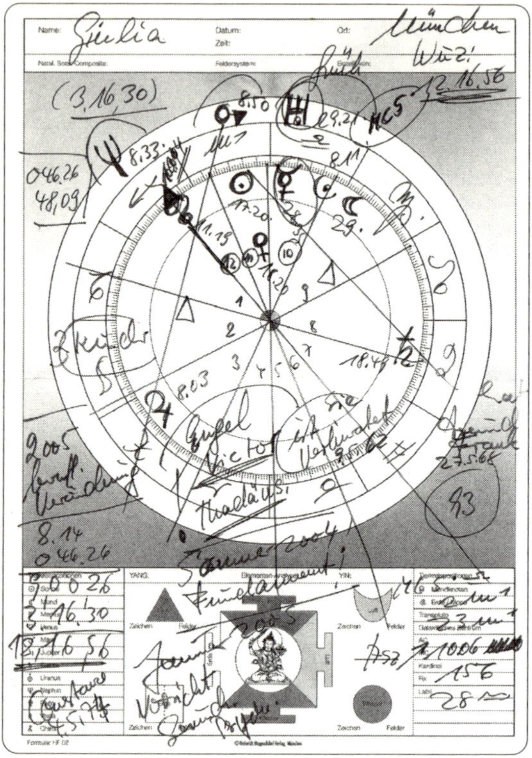

Zeichnung des Mediums, mit den Namen der Engel.

Weiterführende Informationen zur Autorin Giulia Siegel
und dem Buch »Engel« finden Sie unter
www.silberschnur.de/bonus/engel

€ [D] 10,90
160 Seiten, broschiert
ISBN 978-3-89845-152-9

Franziska Krattinger

Ein Wort genügt!

... sich einfach umprogrammieren

Schalten Sie einfach um! – Manchmal genügt ein einziges Wort, um verborgene Haltungen ans Licht zu bringen oder Einstellungen zu ändern. Dabei gibt es spezielle Worte, die gleichsam eine magische Wirkung haben, da sie die Schlüssel zu unserem Unterbewusstsein sind: Schaltworte.
„Schalten auch Sie einfach um" – und beobachten Sie die Veränderungen in Ihrem täglichen Leben, ohne dass Sie bewusst daran denken oder eine Vorstellung der Lösung haben müssen. Nutzen Sie die Kraft, eine Situation augenblicklich im besten und idealen Sinn zu verändern

€ [D] 6,95
136 Seiten, broschiert
ISBN 978-3-89845-175-8

Jörg A. Zimmermann

So treffen Sie Ihren Schutzengel

Begegnung mit dem inneren Lehrer

Dieses Buch zeigt Ihnen konkret drei Wege auf, auf denen Sie Ihren Schutzengel treffen können und erläutert in anschaulicher sowie humorvoller Schreibweise genau, wie diese Wege beschritten werden können. Möge dieses Buch Sie näher zu Ihrem Schutzengel bringen, denn die Freundschaft mit ihm ist so kostbar wie das Leben selbst ...

€ [D] 12,90
160 Seiten, broschiert
ISBN 978-3-89845-105-5

Leopold Zillinger

Schutzengel im Einsatz

Der Himmel erfährt aus einer erschreckenden Statistik, dass es kaum noch Menschen gibt, die an die Existenz ihres Schutzengels glauben. Was tun? Nun, kurzerhand schickt er seinen erfahrensten Streetworker-Engel zu uns, um uns auf recht unkonventionelle Weise an das „himmlische Geflügel" zu erinnern …
Das Ziel dieses Buches ist es, Menschen auf unbeschwerte Weise einen Zugang zu ihrem Schutzengel zu ermöglichen. Gleichzeitig will es aber auch die grundsätzlichen Mechanismen des Lebens vermitteln, um den Weg des Herzens gehen zu können. Denn: Selbst wenn das Leben zu einer einzigen Frage wird, bleibt Liebe die Antwort!

€ [D] 16,90
44 Karten (10 x 8,5 cm)
in Herzbox
ISBN 978-3-89845-120-8

Toni Carmine Salerno

Liebesorakel – Amors Botschaften

Ein Bild sagt mehr als tausend Worte – nach diesem Motto wurde auch das Kartendeck aus Reproduktionen der visionären Bilder des Künstlers Toni Carmine Salerno gestaltet. Mit 44 bewegenden Karten, die inspirieren und Führung in Herzensangelegenheiten anbieten, umfasst es all die vielen verschiedenen Aspekte von Liebesverbindungen und bietet überdies einen intuitiven Zugang zur Arbeit mit Beziehungen.

€ [D] 14,90
232 Seiten, broschiert
ISBN 978-3-89845-154-3

Vadim Zeland

Transsurfing

Realität ist steuerbar

Dieses Buch löste in Russland eine wahre Revolution aus. Die Realität ist steuerbar! Wir alle glauben, wir seien abhängig von den äußeren Umständen – dabei ist es genau umgekehrt! Ihre innere Wirklichkeit kreiert die äußere Realität. So erfüllen sich Wünsche, Träume verwirklichen sich ...
Transsurfing ist eine mächtige Technologie zur Realitätssteuerung. Alle, die sich mit Transsurfing beschäftigen, erleben eine Überraschung, die an Begeisterung grenzt. Die Umgebung eines Transsurfers verändert sich beinahe augenblicklich auf eine unbegreifbare Weise.
Das hat nichts mit Mystik zu tun. Das ist real.

€ [D] 14,90
152 Seiten, gebunden
ISBN 978-3-89845-226-7

Kazuo Murakami

Der göttliche Code des Lebens

Ein neues Verständnis der Genetik

Dieses in viele Sprachen übersetzte Buch ist einer der besten Beiträge zur Frage der Interaktion zwischen Genen, Umwelt und Bewusstsein. Der japanische Biowissenschaftler Murakami geht der Frage nach, ob positive Gefühle Gene aktivieren können oder, anders ausgedrückt, ob der Geist etwas mit dem körperlichen Wohlbefinden zu tun hat.
Glück, Freude, Inspiration oder Dankbarkeit können nützliche Gene aktivieren - das ist das Ergebnis der Forschungen dieses Genetikers, der seine Erkenntnisse in diesem Buch in klarer und allgemeinverständlicher Form darlegt - und so endlich der weit verbreiteten These, das Schicksal sei bereits im Genom festgelegt, eine deutliche Absage erteilt.

€ [D] 17,90
136 Seiten, broschiert mit Klappe
ISBN 978-3-89845-240-3

Zoé Kertesz

Face Gym

Jünger aussehen durch einfache und natürliche Gesichtsgymnastik

Doppelkinn, Krähenfüße, Hängebacken… verschwinden.
Sie brauchen nur Ihr Gesicht richtig in die Hand zu nehmen!
Haben Sie noch Zweifel? Verziehen Sie das Gesicht, und rümpfen Sie die Nase? Dann sind Sie schon mitten im Training.
Dieses Buch zeigt Ihnen mit einfachen und wirkungsvollen Übungen, wie Sie ohne Schönheitschirurgie die Elastizität, die Besonderheiten und die Form Ihres Gesichts bewahren können. Behandeln Sie Ihr Gesicht nicht schlechter als den Rest Ihres Körpers. Soll es doch ruhig auch ein bisschen Face Gym machen, um seine natürliche Ausdruckskraft und jugendliche Frische zu bewahren!

€ [D] 14,90
160 Seiten, gebunden
ISBN 978-3-89845-059-1

Monika Molitor

Wicca-Magie für Junghexen

Mit einem Vorwort von Thea

Willst du die Welt der Magie wirklich entdecken? Dann nützen dir keine Lehrbücher zum Besenfliegen oder Kochbücher für Tränke. Deine eigenen Fähigkeiten sind gefragt und dein Interesse am Umgang mit der Natur und mit anderen Menschen. Denn Wicca-Magie besteht aus viel mehr als nur aus dem Auswendiglernen von Zaubersprüchen. Es ist eine Art zu leben und zu denken.
Dieses Buch wird dir dabei helfen, eine Hexe oder ein Magier zu werden, den andere ernst nehmen. Es hilft dir, deinen Weg zu finden. Entdecke deine magischen Fähigkeiten!